EXPOSÉ

DE

LA SITUATION DE L'EMPIRE,

PRÉSENTÉ

AU CORPS LÉGISLATIF,

Dans sa Séance du 25 Février 1813,

PAR S. EXC. LE COMTE DE MONTALIVET,
MINISTRE DE L'INTÉRIEUR.

A PARIS,

DE L'IMPRIMERIE IMPÉRIALE.

1813.

EXTRAIT

DES MINUTES DE LA SECRÉTAIRERIE D'ÉTAT.

Au palais des Tuileries, le 24 Février 1813.

NAPOLÉON, Empereur des Français, Roi d'Italie, Protecteur de la Confédération du Rhin, Médiateur de la Confédération suisse, &c. &c. &c.

Nous avons nommé et nommons, pour présenter au Corps législatif l'Exposé de la situation de l'Empire, demain 25 février à deux heures,

Le comte MONTALIVET, notre ministre de l'intérieur,

Et les comtes LAVALETTE et MOLÉ, conseillers d'état.

Signé NAPOLÉON.

Par l'Empereur :

Le Ministre Secrétaire d'état, signé LE COMTE DARU.

EXPOSÉ

DE

LA SITUATION DE L'EMPIRE.

MESSIEURS,

SA MAJESTÉ m'a ordonné de vous faire connaître la situation de l'intérieur de l'Empire, dans les années 1811 et 1812.

Vous verrez avec satisfaction que, malgré les grandes armées que l'état de guerre maritime et continentale oblige de tenir sur pied, la population a continué de s'accroître; que notre industrie a fait de nouveaux progrès; que jamais les terres n'ont été mieux cultivées, les manufactures plus florissantes; qu'à aucune époque de

A

notre histoire, la richesse n'a été plus répandue dans les diverses classes de la société.

Le simple cultivateur aujourd'hui connaît les jouissances qui lui furent jusqu'à présent étrangères; il achète au plus haut prix les terres qui sont à sa convenance; ses vêtemens sont meilleurs; sa nourriture est plus abondante et plus substantielle; il reconstruit ses maisons plus commodes et plus solides.

Les nouveaux procédés dans l'agriculture, dans l'industrie, dans les arts utiles, ne sont plus repoussés par cela même qu'ils sont nouveaux : par-tout on tente des essais; et ce que l'expérience démontre préférable, est utilement substitué aux anciennes routines. Les prairies artificielles se sont multipliées; le système des jachères s'abandonne; des assolemens mieux entendus, de nouvelles cultures, augmentent le produit de nos terres; les bestiaux se multiplient, les races s'améliorent; de simples laboureurs ont acquis les moyens de se procurer à de hauts prix les béliers de race espagnole, les étalons de nos meilleures espèces de chevaux : éclairés sur leurs vrais intérêts, ils n'hésitent pas à faire ces utiles achats; ainsi les besoins de nos manufactures, de notre agriculture et de nos armées, sont chaque jour mieux assurés.

Ce degré de prospérité est dû aux lois libérales qui régissent ce grand Empire, à la suppression de la féodalité, des dîmes, des mainmortes, des ordres monastiques; suppression qui a constitué ou affranchi ce grand nombre de propriétés particulières, aujourd'hui le patrimoine libre d'une multitude de familles jadis prolétaires : il est dû à l'égalité des partages, à la clarté et à la simplification des lois sur la propriété et sur les hypothèques, à la promptitude avec laquelle sont jugés les procès, dont le nombre décroît chaque jour : c'est à ces mêmes causes et à l'influence de la vaccine, que l'on doit attribuer l'accroissement de la population. Et pourquoi ne dirions-nous pas que la conscription elle-même, qui, chaque année, fait passer sous nos drapeaux l'élite de notre jeunesse, a contribué à cet accroissement, en multipliant le nombre des mariages, en les favorisant, parce qu'ils fixent pour toujours le sort du jeune Français qui, une première fois, a obéi à la loi ?

POPULATION.

La population de la France était, en 1789, de 26 millions d'individus ; quelques personnes réduisaient même leurs calculs à 25 millions. La population actuelle de l'Empire est de 42,700,000 ames (*Tableau* n.° 1.er), dont 28,700,000 pour les départemens de l'ancienne France. Cette population n'est pas le résultat de simples conjectures, mais de recensemens exacts ; c'est une augmentation de 2,500,000, ou de près d'un dixième depuis vingt-quatre ans.

CHAPITRE Ier
DE L'AGRICULTURE.

La France, par l'étendue, par la fertilité de son sol, doit être considérée comme un État essentiellement agricole.

Cependant elle a dû long-temps recourir à ses voisins pour fournir à plusieurs de ses besoins principaux : elle s'est presque entièrement affranchie de cette nécessité.

Grains.

Le produit moyen d'une récolte en France est de 270 millions de quintaux, sur lesquels il faut en prélever 40 millions pour les semences. (*Tableau* n.° 3.)

La récolte de 1811, une des plus mauvaises années connues, est entrée dans le calcul de ce produit moyen.

Les 230 millions de quintaux qui restent pour la consommation, auraient, aux prix actuels, une valeur de près de 5 milliards; mais aux prix réduits de quinze ans, cette valeur n'est que de . . . . 2,300,000,000.

La population de l'Empire est de 42 millions d'individus; ainsi notre récolte moyenne donne 520 livres de grains à chacun : c'est au-delà de tous les besoins, tels qu'on les a évalués à diverses époques.

Après de longues recherches faites par ordre de l'ancien Gouvernement, on avait calculé ce besoin à 470 livres; et l'on avait trouvé que la France produisait moyennement les quantités nécessaires à une telle consommation.

Nos produits en céréales se sont donc accrus d'un dixième.

En 1789, la France avait tiré des

2,300,000,000.

Report...... 2,300,000,000.

pays qui sont aujourd'hui pour nous l'étranger, pour une valeur de 70 millions de grains (*Tableaux* n.ᵒˢ 59 et 60), et en 1812, année où la disette devait être bien plus sensible, la récolte de 1811 ayant été incomparablement plus mauvaise que celle de 1788, nous n'avons tiré du dehors que pour 18 millions de grains (*Tableaux* n.ᵒˢ 59 et 60). Cependant, si la cherté a été grande, le besoin réel s'est fait beaucoup moins sentir qu'en 1789.

Le Gouvernement n'a rien négligé pour rendre moins pénibles les suites de la mauvaise récolte de 1811.

L'objet principal de ses soins a été de faciliter, d'opérer même le transport des excédans qu'avaient plusieurs contrées, et de rapprocher ces excédans des départemens qui éprouvaient les plus grands besoins. Ses opérations ont eu pour résultat d'augmenter de plus de 2 millions de quintaux de froment les quantités existantes dans les départemens qui approvisionnent Paris,

2,300,000,000.

Report...... 2,300,000,000.

la Normandie, Lyon et Marseille ; d'apprendre au commerce de nouvelles routes qu'il a suivies avec succès ; de maintenir dans la capitale le pain à un prix modéré, et dans une telle abondance, que la sécurité y est restée la même que dans les années les plus productives ; d'ajouter de nouveaux et d'économiques moyens alimentaires à ceux qui étaient déjà en usage ; de neutraliser presque entièrement les effets d'une année plus mauvaise qu'aucune de celles qui ont succédé à 1709.

Les dépenses de ces opérations n'ont pas excédé 40 millions, dont la moitié a été employée à donner des secours individuels en subsistances à la classe la moins aisée du peuple. (*Tableau n.° 4.*)

Après les blés, la principale production de notre sol est le vin.

Vins. La France produit, année moyenne, 40 millions d'hectolitres de vin. (*Tableau n.° 5.*)

Trois millions huit cent mille hectolitres sont convertis en eau-de-vie, et

2,300,000,000.

Report...... 2,300,000,000.

donnent 650,000 hectolitres d'eau-de-vie, qui, à 80 francs, forment un revenu annuel de 52 millions.

Les 36,200,000 hectolitres restans ont une valeur de 749,500,000 fr., en comptant même 12 millions d'hectolitres à la valeur modique de 5 francs.

La récolte des vins est donc pour nous un objet de 800 millions, ci... 800,000,000.

L'on reconnaît tous les progrès qu'a faits ce genre de culture, lorsque l'on compare l'année moyenne des exportations avant la révolution et depuis dix ans, et la consommation intérieure à ces deux époques.

Pour les vins, l'exportation était, avant la révolution, de 31 millions : elle est aujourd'hui de 47 millions.

Pour les eaux-de-vie, elle était de 13 millions : elle est aujourd'hui de 30 millions. (*Tableau* n.° 6.)

En 1791, la consommation de toute la France, en vins, n'était évaluée qu'à 16,500,000 hectolitres ; elle a donc plus que doublé, tandis que les réunions à l'Empire ne forment qu'un tiers

3,100,000,000.

                                    Report...... 3,100,000,000.
à-peu-près de la population actuelle.

Bois.   Huit millions d'hectares en bois et
forêts, outre les arbres épars, assurent
à la France ses besoins en combustibles
et en bois de construction. Des recensemens faits avec soin dans toutes nos
forêts, ont prouvé que nous avions sur
pied, en hautes futaies, bordures ou ba-
liveaux, de quoi construire plusieurs
milliers de vaisseaux de guerre. Un
million huit cent mille hectares de ces
bois appartiennent à des particuliers;
le reste appartient à l'État et aux communes. Le revenu annuel des bois est
de 100 millions (*Tableau* n.° 7), ci..   100,000,000.

L'ordre est rétabli dans cette branche de notre agriculture : les forêts se
repeuplent et se conservent ; des routes
et des canaux rendent accessibles celles
que l'on ne pouvait exploiter; les nombreuses constructions civiles, militaires
et de la marine, sont abondamment
pourvues, et nous ne tirons plus de
l'étranger que pour 5 millions de bois
par an : avant 1789, nous en tirions
pour 11 millions. (*Tableau* n.° 8.)

                                           —————————
                                            3,200,000,000.

Report.....	3,200,000,000.

Les lins et les chanvres, comme matières premières seulement, donnent un produit annuel de 80 millions; 1,200,000 quintaux de chanvre entrent pour 48 millions dans ce produit; 500,000 quintaux de lin en forment le complément (*Tableaux* n.ᵒˢ 9 et 10), ci..................   80,000,000.   Lins et chanvres.

Ces quantités seraient plus que suffisantes pour notre consommation intérieure : mais nous fabriquons aussi pour l'étranger ; et actuellement, comme autrefois, il nous fournit en matières premières une valeur annuelle de 10 à 12 millions en chanvres et en lins. (*Tableau* n.° 33.)

La valeur annuelle de nos huiles végétales est de 250 millions (*Tableau* n.° 11), ci.............   250,000,000   Huiles.

Il y a vingt-cinq ans, nous en tirions de l'étranger pour 20 millions : aujourd'hui, non-seulement nous nous passons du dehors, mais encore nous en exportons annuellement pour 5 ou 6 millions. (*Tableau* n.° 12.)

Cette situation est due à l'introduc-

                                             3,530,000,000.

Report...... 3,530,000,000.

tion de la culture en grand de plusieurs plantes oléagineuses, sur-tout à celle du colzat, et à l'acquisition de quelques provinces riches en oliviers.

Tabacs. Le tabac ne se cultivait autrefois que par exception et dans un petit nombre de nos provinces ; nous tirions presque entièrement de l'étranger cette feuille devenue d'un usage si général : elle nous coûtait annuellement 8 à 10 millions ; mais cette importation était réduite à 5 millions par les réexportations de tabacs fabriqués (*Tableau* n.° 13). Aujourd'hui 30 millions de livres de tabac sont le produit de 30,000 arpens de nos terres consacrés à cette culture ; la valeur moyenne de la feuille brute est de 12 millions (*Tableau* n.° 14), et nous ne recevons plus de l'étranger que de faibles quantités nécessaires pour les mélanges dans les tabacs de qualité............. 12,000,000.

Fourrages. Nous sommes plus riches qu'autrefois en fourrages, en pailles : les prairies artificielles, la réduction des jachères, l'augmentation dans le nombre des

---

3,542,000,000.

| | Report...... | 3,542,000,000. |

bestiaux, le prouvent; mais je ne chercherai point la valeur de ces denrées, quoiqu'elles forment une partie importante des productions de notre sol et des transactions de nos cultivateurs, parce qu'elle me paraît comprise dans le produit des bestiaux, avec lequel elle ferait double emploi, ci......... *Mémoire.*

Soies.

Après avoir parlé de nos plus importantes productions végétales, les soies fixeront d'abord notre attention. Tout est à nous ou au royaume d'Italie dans cette matière précieuse, production première et fabrication: la France seule et l'Italie possèdent en Europe des soies en quantité de quelque importance; et, pour la qualité, ces soies sont préférables à toutes celles connues.

La matière première, les cocons, sont, pour les deux États, un produit annuel de 70 millions, dans lequel la France est comprise pour 30 millions, ci.................................. 30,000,000.

Notre récolte moyenne est de 22 millions de livres pesant de cocons. (*Tableau* n.° 15.)

3,572,000,000.

Report...... 3,572,000,000.

Celle d'Italie est de 30 millions de livres.

Autrefois nous importions pour 25 millions de soie filée : l'année moyenne des importations depuis quatre ans, est de 10 millions (*Tableau* n.° 16); et cependant nous exportons des soieries pour une valeur double de celle que nous exportions jadis. (*Tableau* n.° 16.)

Cette amélioration vient sur-tout de la réunion du Piémont et des départemens au-delà des Alpes à la France : ils entrent pour moitié dans la récolte totale de nos soies; mais elle tient aussi au perfectionnement de l'éducation des vers à soie. Le produit net des cocons, dans l'ancienne France, n'était évalué qu'à 2 millions.

Bêtes à laine. Trente-cinq millions de moutons (*Tableau* n.° 17) nous donnent 120 millions de livres pesant de laine, dont 9 millions sont en laine fine ou perfectionnée. C'est un produit brut de 129 millions, ci............ 129,000,000.

3,701,000,000.

Report...... 3,701,000,000.

Ces laines perfectionnées sont le résultat de l'amélioration de 1,500,000 moutons (*Tableau* n.° 17); amélioration qui va toujours croissant, et qui n'est devenue sensible que depuis un petit nombre d'années.

L'exécution du système qui, partout où l'industrie particulière ne saurait agir assez efficacement, met à la portée des cultivateurs des moyens faciles de perfectionnement, se poursuit avec soin.

Dès cette année, vingt-huit dépôts de béliers mérinos (*Tableau* n.° 17), établis par les soins de l'administration, ont amélioré la race de 54,000 brebis.

Le type des belles espèces est conservé dans de nombreux établissemens formés par de grands propriétaires, et dans dix bergeries appartenant à l'État.

Nous tirons encore des laines du dehors; nous en recevons annuellement pour 31 millions, presque toutes au-dessus des qualités communes (*Tableau* n.° 32). Les progrès de l'amélioration commencée et devenue

3,701,000,000.

Report..... 3,701,000,000.

certaine par les résultats déjà obtenus, nous affranchirons un jour de cette nécessité.

Les bêtes à laine fournissent à la consommation une des denrées les plus importantes, sur-tout dans les contrées méridionales. Le produit annuel de 8 millions de ces utiles animaux peut être évalué à 56 millions (*Tableau* n.º 18), ci........... 56,000,000.

Chevaux. La France a 3,500,000 chevaux (*Tableau* n.º 19). La reproduction annuelle est de 280,000 : 250,000 arrivent à quatre ans, et donnent un produit annuel de 75 millions, ci... 75,000,000.

L'éducation des chevaux avait été singulièrement négligée à l'époque de nos troubles ; l'administration s'est occupée avec succès du rétablissement des races les plus utiles.

Des étalons de choix assurent tous les ans l'amélioration des produits de 60,000 jumens : les dépôts entretenus par le Gouvernement contiennent seuls 1,400 étalons. (*Tableau* n.º 20.)

Bientôt nous serons entièrement

3,832,000,000.

Report...... 3,832,000,000.

affranchis de la faible importation d'une valeur de 3 millions en chevaux. (*Tableau* n.° 21.)

La France avait jadis 1,700,000 chevaux d'âge ; ce qui, avec les poulains, pouvait faire arriver à 2,300,000 la population en chevaux : d'après l'accroissement du territoire, les proportions seraient restées à-peu-près les mêmes.

Les bêtes à cornes n'ont pas seulement une valeur comme instrument d'agriculture ; elles fournissent à nos subsistances, à nos tanneries, à diverses branches de notre industrie, des matières très-importantes.

Bêtes à cornes.

Leur nombre est de 12 millions. (*Tableau* n.° 22.)

Nous consommons annuellement 1,250,000 bœufs ou vaches (*Tableau* n.° 18) et 2,500,000 veaux, dont la valeur moyenne est au moins de 161 millions, ci................... 161,000,000.

Le nombre des bêtes à cornes est considérablement augmenté ; les soins qu'on leur donne sont mieux entendus.

3,993,000,000.

Report..... 3,993,000,000.

La durée moyenne de leur existence est plus longue. Il y a vingt ans que les exportations et les importations se balançaient : aujourd'hui les exportations sont le triple des importations ; elles arrivent à 10 millions. (*Tableau* n.° 23.)

Le lait, le beurre, les fromages de 6,300,000 vaches, donnent un produit de 150 millions, ci.......... 150,000,000.

Autrefois nos importations en beurre et en fromages excédaient de beaucoup nos exportations ; c'est le contraire aujourd'hui (*Tableau* n.° 24) : en 1812, les exportations ont été de 10 millions.

Cuirs. Les peaux des bêtes à laine, de somme et de trait, qui meurent annuellement, ont une valeur brute de 36 millions ; jamais ce genre de produit n'a suffi à nos besoins, ci...... 36,000,000.

Porcs. Quatre millions neuf cent mille porcs, annuellement consommés, ont une valeur de 274 millions (*Tableau* n.° 18), ci........................ 274,000,000.

Les substances minérales tiennent leur rang parmi les riches productions de notre sol.

4,453,000,000.

Nos

Report...... 4,453,000,000.

Nos mines de fer, qui fournissaient, en 1789, 1,960,000 quintaux de fonte en gueuse, et 160,000 quintaux de fonte moulée, donnent aujourd'hui 2,860,000 quintaux de cette première matière, et 400,000 quintaux de la seconde ; c'est une augmentation d'une moitié en sus (*Tableau n.° 25*). Nous recevons néanmoins encore quelques fers de l'étranger. (*Tableau n.° 26.*)   *Fers.*

La seule valeur première de notre minerai est de 50 millions, ci...... 50,000,000.

Les mines de charbon donnent de même un produit de 50 millions : c'est cinq fois la valeur de celles que la France exploitait en 1790 ; mais la plus grande partie de cette augmentation provient des réunions à l'Empire (*Tableau n.° 27.*), ci........... 50,000,000.   *Charbons fossiles.*

La France consomme annuellement 560 millions de livres pesant de sel, dont la valeur brute est de 28 millions (*Tableau n.° 28*). Les marais salans suffiraient au triple de cette consommation, ci................ 28,000,000.   *Sels.*

4,581,000,000.

B

Report....... 4,581,000,000.

Dans cet aperçu des produits de notre agriculture, je n'ai pu parler que de quelques objets principaux; j'ai nécessairement négligé le grand nombre de ceux qui, moins importans si on les envisage séparément, offrent une grande valeur par leur réunion : les légumes, les graines diverses, les fruits, les ânes, les mulets, les chèvres, leur lait et leur fromage, celui des brebis, les suifs, les animaux de basse-cour, les arbres épars, les poissons, le miel et la cire de nos abeilles, les pépinières; et tous ces objets réunis entrent dans nos consommations au moins pour 450 millions (*Tableau n.° 29*), ci.................... 450,000,000.

TOTAL........ 5,031,000,000.

C'est donc une valeur de 5,031,000,000 que reproduit annuellement notre beau sol en matières brutes et premières seulement.

CHAPITRE II.

DES MANUFACTURES.

Mais les productions du sol n'ont acquis leur utilité et leur valeur réelle que lorsque l'industrie les a préparées pour nos consommations ; et c'est sur-tout quand elle s'exerce sur des matières premières qui nous appartiennent, qu'elle accroît notre richesse.

Vous avez déjà remarqué, Messieurs, que la matière première des soieries est pour nous un objet de 30 millions ; nous recevons du royaume d'Italie pour 10 millions de soies filées et organsinées. Cette valeur de 40 millions donne lieu à une fabrication d'étoffes pour 124 millions (*Tableau* n.° 15). C'est donc pour nous un bénéfice de main-d'œuvre de 84 millions, qui triple la valeur de la matière première, ci . .   84,000,000.

Soieries.

Nous avons exporté en 1812 pour 70 millions de soieries en étoffes pures ou mélangées. (*Tableau* n.° 16.)

Le royaume d'Italie, avec lequel nos rapports sont si étroits, conserve pour ses propres besoins, et pour ses relations avec le reste de l'Europe, une quantité de soies égale à celle qui nous donne de tels résultats.

La ville de Lyon, la première de toutes pour la manufacture et le commerce des soies, entretient aujourd'hui onze mille cinq cents métiers. Cette quantité est au moins égale à ce qu'elle fut aux diverses époques considérées comme les plus prospères de cette

84,000,000.

Report..... 84,000,000.

grande fabrique. (*Tableau* n.° 30.)

L'année moyenne de nos exportations en soieries était, il y a vingt-cinq ans, de 26 millions : elle est aujourd'hui de 64 millions. (*Tableau* n.° 16.)

Draps. Le nombre de nos manufactures de draps s'est sensiblement augmenté ; l'aisance plus généralement répandue a beaucoup influé sur la consommation intérieure, particulièrement en lainages moins grossiers. La comparaison des métiers et des fabrications, à diverses époques (*Tableau* n.° 31), donne une idée de cet accroissement ; il a rendu plus grands nos besoins en matière première, sur-tout en laines de qualité.

Aussi, malgré l'amélioration de nos troupeaux, nous tirons de l'étranger, en laines, pour une valeur beaucoup plus considérable qu'autrefois. Nos importations étaient, avant la révolution, de 14 millions ; elles sont aujourd'hui de 31 millions : mais il est à remarquer que toute l'augmentation porte sur les laines fines, et que la somme

84,000,000.

Report......	84,000,000.

des importations en laine commune est restée à-peu-près la même. (*Tableau* n.º 32.)

Les étoffes de laine fabriquées en France ont une valeur de 370 millions. La matière première que nous fournissent nos troupeaux est de 129 millions; celle que nous importons est de 31 millions. Ces 160 millions, retranchés de 370 millions, laissent 210 millions pour valeur de la fabrication (*Tableau* n.º 17), ci.................... 210,000,000.

La main-d'œuvre fait plus que doubler la valeur des lainages.

Nous vendons annuellement à l'étranger pour 28 millions de draperies (*Tableau* n.º 32). Ainsi, il nous rend pour des marchandises fabriquées, dans lesquelles le prix de notre main-d'œuvre est pour plus de moitié, une valeur à-peu-près égale à celle que nous lui avançons pour les matières premières.

L'année moyenne de nos anciennes exportations en draperies, n'était que de 19 millions.

Nous avons naturalisé chez nous la

———

294,000,000.

| | Report...... | 294,000,000. |

fabrique des casimirs ; nous avons perfectionné, par des machines ingénieuses, les divers procédés de la manufacture.

Dans les lieux où l'on a cru pouvoir négliger les moyens de perfectionnement, l'on a vu diminuer le concours des acheteurs ; mais ce n'était qu'un déplacement qui est devenu la juste récompense des fabricans plus industrieux ou plus éclairés.

Tannerie. La tannerie, les mégisseries, les ganteries, fabriquent pour 95 millions, et ajoutent ainsi une valeur de 53 millions à celle de nos 36 millions de cuirs indigènes et de 6 millions de cuirs importés (*Tableau* n.° 16), ci....... 53,000,000.

Chapellerie. La chapellerie emploie 19,000 ouvriers, et crée pour 23 millions de produits (*Tableau* n.° 40), ci........ 23,000,000.

Toiles de chanvre et de lin. Les toiles de coton se sont multipliées, sans que nous ayons cessé d'employer les chanvres et les lins de notre sol.

Tous les ans nous importons pour 11 millions de ces matières premières ; les plus fortes années ont été à 13

370,000,000.

                        Report . . . . .   370,000,000.

millions (*Tableau* n.º 33). C'est à-peu-près 2 millions au-delà de ce que nous en importions avant 1790 ; c'est un huitième de la valeur de la matière première que nous fabriquons. (*Tableaux* n.ºs 9, 10 et 34.)

Nos toiles, fils et cordages de chanvre sont un objet de 108 millions. (*Tableau* n.º 9);

Nos toiles, nos fils de lin et nos dentelles, de 124 millions. (*Tableau* n.º 10.)

Ainsi, la valeur totale des lins et chanvres fabriqués en France est de 232 millions.

Mais la matière première entre dans cette valeur pour 80 millions de produits de notre sol, et pour 13 millions d'importations. Il reste donc, pour prix de fabrication, 139 millions (*Tableaux* n.ºs 9 et 10), ci. . . . .   139,000,000.

Ce genre de manufacture alimente notre commerce extérieur pour une somme annuelle de 37 millions : elle avait faibli depuis trois ou quatre ans.

En 1812, les mesures prévoyantes

                                509,000,000.

Report...... 509,000,000.

du Gouvernement, qui n'a pas tardé de faire cette remarque, ont fait remonter nos exportations au taux qu'elles eurent toujours. Cette valeur de 37 millions était la même avant 1790. (*Tableau* n.° 33.)

Mais jadis nous recevions de ces tissus de l'étranger pour 18 millions par an; aujourd'hui nous en recevons seulement pour 7 millions: l'époque actuelle a donc un véritable avantage; il est dû en grande partie à l'exportation des linons, des batistes, des dentelles, tissus dans lesquels la main-d'œuvre entre pour une valeur infiniment au-delà des proportions générales que donne la masse de 232 millions de matières fabriquées, comparée à 93 millions de matières premières.

Cotonnades. L'industrie qui s'exerce sur des matières premières venues du dehors est moins utile sans doute: mais si des circonstances que le fabricant ne peut maîtriser, font entrer dans notre consommation les objets manufacturés

509,000,000.

Report...... 509,000,000.

avec ces matières, alors l'industrie remédie en partie à cet inconvénient, en nous rendant propre du moins toute l'augmentation de valeur qu'elles reçoivent de la main-d'œuvre ; elle le neutralise autant qu'il est possible, en perfectionnant assez les fabrications pour que l'étranger, celui qui, comme nous, est privé de la matière première, celui même qui la possède, préférant les objets de notre fabrication, nous rembourse, en les achetant, ce que nous avons avancé pour la matière première, et même de plus fortes sommes.

Les cotonnades ont dans les marchés un avantage qu'elles doivent à la souplesse, au moelleux de leurs tissus, aux prix, à la finesse et à la durée relatives de ces étoffes, comparées avec leurs analogues.

Le coton offre dans la manufacture de grandes facilités qui lui sont propres.

Des machines ingénieuses ont porté la filature du coton au plus haut degré de fin. Le Gouvernement a proposé

509,000,000.

Report...... 509,000,000.

un prix d'un million à l'inventeur d'une mécanique qui perfectionnerait la filature du lin autant que celle du coton, et qui diminuerait ainsi le prix de la main-d'œuvre nécessaire à l'emploi de nos matières premières.

Déjà de grandes améliorations sont obtenues, et l'on est sur la voie de faire cette importante découverte.

Mais jusque-là les cotonnades conservent des avantages qu'il eût été dangereux de se dissimuler. Le Gouvernement a dû s'occuper des moyens de ne recevoir, du moins de l'étranger, que la matière brute, et de réserver à la France tout le bénéfice de la manufacture.

Long-temps on a répété que la partie la plus importante de cette main-d'œuvre ne pouvait point nous appartenir ; que le tissage, que le filage même, seraient toujours plus parfaits chez l'étranger.

Nos lois ont repoussé d'abord tous les tissus de l'étranger : on s'était alarmé de l'effet que devait produire

509,000,000.

Report......	509,000,000.

cette prohibition ; mais bientôt de nombreux métiers ont fabriqué chez nous les toiles de coton avec une perfection à laquelle nos concurrens étrangers n'ont pas même pu atteindre. (*Tableau* n.° 35.)

Cependant ils nous fournissaient encore les fils avec lesquels nous formions ces tissus. Lorsque le Gouvernement a fait connaître le projet de les prohiber, de nouvelles inquiétudes se sont prononcées ; mais une première expérience heureuse avait été faite : les résultats de la seconde ne devaient pas être moins favorables ; la prohibition a été décrétée : depuis lors nous sommes affranchis de tout recours à l'étranger pour quelque partie que ce soit de la manufacture des cotons ; et loin de recevoir aujourd'hui des objets manufacturés de ce genre, nous en fournissons au-dehors.

Avant 1790, on introduisait annuellement en France pour 24 millions de coton (*Tableau* n.° 36), soit filé, soit en laine ; cette valeur représentait 12

	509,000,000.

Report...... 509,000,000.

millions de livres de coton : nous recevions pour 13 millions en objets fabriqués, et la contrebande des toiles et des mousselines était considérable.

Soixante-dix mille ouvriers étaient alors employés aux diverses main-d'œuvres du coton en France.

Après nos troubles, depuis l'an 10 jusqu'en 1806, l'on a introduit en France des cotons pour une valeur annuelle de 48 millions.

Nous recevions outre cela des tissus, pour une valeur de 46 millions.

De 1807 à 1811, l'introduction annuelle des cotons en laine s'est élevée jusqu'à 72 mill.; mais l'année moyenne n'a été que de 55 millions. Cette somme, d'après les évaluations faites à la douane, représente 20 millions de livres pesant.

Les importations de toiles ou fils ont été d'abord réduites à un million, et depuis deux ans elles ont entièrement cessé : nous avons, au contraire, exporté ; et l'année moyenne des exportations a été de 17 millions.

La main-d'œuvre des cotons occupe

509,000,000.

| | Report..... | 509,000,000. |

aujourd'hui 233,000 ouvriers. (*Tableau* n.° 35.)

Les cotonnades fabriquées en France ont une valeur de 290 millions (*Tableau* n.° 37). Si de cette somme l'on retranche 55 millions, prix de la matière première, il résulte pour l'accroissement de valeur qu'elle a reçu, 235 millions (*Tableau* n.° 37), ci............ 235,000,000.

Les 20 millions de livres pesant de coton, aux prix actuels de la place, coûtent au fabricant 134 millions ; il ne fait donc à-peu-près que doubler ses déboursés, tandis que si la matière première ne lui coûtait que les 55 millions qui en sont la valeur intrinsèque, cette somme, jointe aux 156 millions, prix actuel de la main-d'œuvre, formant avec elle 211 millions, la valeur de la matière première ne serait que pour le quart dans la masse des objets manufacturés.

Papiers.

Après la destruction des divers tissus, soit purs, soit mélangés de chanvre, de lin et de coton, ces substances n'ont pas perdu toute valeur ; elles viennent alimenter nos papeteries, et le produit

744,000,000.

	Report......	744,000,000.

de ce genre de manufacture (*Tableau* n.° 38) est de 36 millions, ci ...... 36,000,000.

Livres. Le commerce de la librairie crée avec ces papiers une valeur nouvelle en livres, de 12 millions (*Tableau* n.° 39), ci.................. 12,000,000.

Savonnerie. Nos savonneries sont un objet de 30 millions de produit (*Tableau* n.° 42), ci......................... 30,000,000.

Tabacs fabriqués. Le sol de la France s'est enrichi d'un produit annuel de 12 millions en tabac; mais ce produit est brut, et la fabrication le sextuple (*Tableau* n.° 14). C'est un accroissement de 60 millions, ci............................. 60,000,000.

Brasseries. Treize mille sept cent cinquante brasseries livrent au commerce huit millions cinq cent mille hectolitres de bière, dont la valeur est au moins de 40 millions (*Tableau* n.° 43), ci.... 40,000,000.

Cidre. Trente-trois départemens font annuellement 10 millions d'hectolitres de cidre, qui, à raison de 5 fr. l'hectolitre, prix moyen, donnent un revenu de 50 millions (*Tableau* n.° 44), ci... 50,000,000.

Ébénisterie. Les ouvrages d'ébénisterie sont

972,000,000.

Report......	972,000,000,
l'objet d'une fabrication de 19 millions (*Tableau* n.° 45); ceux de carosserie, de 11 millions (*Tableau* n.° 42), ci.	30,000,000.

Le produit de nos mines de fer, qui est de 50 millions, se trouve plus que doublé par la première main-d'œuvre dans nos forges, dans nos hauts-fourneaux, dans nos taillanderies, dans nos aciéries, dans nos laminoirs, dans nos clouteries : ces fabriques augmentent cette valeur de 70 millions (*Tableau* n.° 47), ci...   70,000,000.   *Fers fabriqués.*

La méthode qui substitue la houille au charbon de bois dans les forges et hauts-fourneaux, est devenue certaine.

Les autres mines, celles de cuivre, d'alun, de gypse, les carrières de marbre, &c. produisent 12 millions (*Tableau* n.° 51), ci...............   12,000,000.   *Mines diverses.*

Les manufactures qui ont pour matières premières les métaux, les quincailleries, la coutellerie, l'armurerie, les manufactures de bronze, de dorure, sont un objet de 67 millions : ces fabrications sont dans un grand état de prospérité (*Tableau* n.° 48), ci....   67,000,000.   *Manufactures de métaux.*

                                 1,151,000,000.

| | Report..... | 1,151,000,000. |

Bijouterie. L'orfévrerie et la bijouterie occupent près de 8,000 ouvriers, et produisent 96 millions, dont un tiers seulement pour la main-d'œuvre (*Tableau* n.° 49); ci........................ 32,000,000.

Horlogerie. L'horlogerie, en occupant le même nombre de bras, produit 30 millions; la matière première y est pour un tiers (*Tableau* n.° 50), ci............ 20,000,000.

Verreries, poteries, &c. Les glaces, les verreries, les porcelaines, les diverses manufactures de substances minérales occupent 43,000 ouvriers. Ces fabrications arrivent à 82 millions (*Tableau* n.° 52) : jamais elles n'avaient eu autant d'activité; ci. 82,000,000.

Prises séparément, aucunes de ces fabrications n'ont été ou ne sont devenues l'objet d'exportations annuellement très-considérables; mais réunies, elles forment une masse qui, avant 1790, fournissait 38 millions par an à nos exportations, et qui aujourd'hui leur donne 42 millions. (*Tableaux* n.°* 59 et 60.)

Teintures. Je n'ai pas parlé des teintures, des toiles peintes, &c., dans la valeur

1,285,000,000.
desquelles

Report...... 1,285,000,000.

desquelles la matière première exotique entre pour beaucoup; cependant cet article est au moins de 15 millions pour la main-d'œuvre seulement, ci...   15,000,000.   Travaux.

    Les travaux publics et particuliers qui élèvent journellement des habitations et des monumens, qui ouvrent des routes, qui creusent des ports et des canaux, qui dessèchent des marais, les arts libéraux dont les productions deviennent un des principaux besoins de l'homme civilisé, créent sans cesse de nouvelles valeurs : bien qu'elles augmentent considérablement la richesse publique et particulière, je ne les compterai point; je n'ai recherché que les objets de nos consommations journalières.................   *Mémoire.*

    Ces seuls objets sont pour nous une richesse purement industrielle de 1,300,000,000.

TOTAL......... 1,300,000,000.

Nouvelle Industrie.

    La volonté de subvenir à nos besoins sans recourir à l'étranger, le perfectionnement des arts mécaniques et chimiques, l'esprit ingénieux et industrieux des

C

Français, ont amélioré par des inventions utiles, par de nouveaux procédés, nos anciennes cultures, nos anciennes fabrications.

Une révolution plus importante encore, une révolution qui doit changer bientôt toutes les relations commerciales établies depuis la découverte des deux Indes, se prépare.

L'énergie, une sorte d'audace dans les résolutions, sont aussi nécessaires en administration qu'en politique.

Remplacer dans nos consommations le sucre, l'indigo, la cochenille des colonies ; trouver dans le midi de l'Europe les cotons, et chez nous la soude, qui alimentent nos manufactures, paraissaient choses impossibles.

Nous avons voulu fortement, et l'impossibilité a disparu devant nos efforts.

Sucre. Dès cette année, les manufactures du sucre que l'on extrait de la betterave, nous donneront 7 millions de livres pesant de cette denrée (*Tableau* n.° 52 *bis*). Elle est préparée dans 334 manufactures, qui presque toutes sont actuellement en activité.

Après de nombreux essais, on est parvenu à employer des procédés d'après lesquels le sucre de betterave ne coûte que 15 sous la livre à celui qui le fabrique. M. Bonmatin, inventeur de cette nouvelle méthode, a profité des travaux utiles de tous ses devanciers : le Gouvernement, pour hâter les heureux résultats de sa découverte, l'a chargé d'aller la propager lui-même dans les contrées où sont établies les principales manufactures.

Depuis l'extrême cherté du sucre, on en consomme beaucoup moins. Les sept millions de livres que l'on fabrique en ce moment, peuvent être considérés comme la moitié au moins de nos besoins actuels.

Une telle diminution ne provient pas de privations absolues qu'on se serait imposées, mais des équivalens par lesquels on est parvenu à remplacer le sucre. Plusieurs millions de livres de sirop de raisin, nos miels mieux purifiés et devenus plus abondans, ont été substitués au sucre dans une grande partie des usages domestiques, avec d'autant plus de facilité que le goût le plus délicat peut à peine s'apercevoir de quelque changement.

Lorsque la difficulté de se procurer du sucre et sa cherté seront moindres, lorsque les premiers bénéfices, si considérables aujourd'hui, si on ne les considérait que comme intérêts de capitaux, auront couvert les frais de premier établissement, les quantités que l'on consommera augmenteront de nouveau, les choses reprendront leur équilibre ; et, en supposant qu'un cinquième de la consommation de la France demeure définitivement remplacé par le sirop de raisin et par celui de miel, la France consommera 40 millions de livres de sucre de betterave, dont la valeur sera de 30 millions : on peut compter sur ces résultats pour 1814, ci............ 30,000,000.

Nos raffineries sont l'objet d'un

30,000,000.

	Report.....	30,000,000.

produit de 10 millions, qui s'élevera au moins à 20 millions, ci.......... 20,000,000.

Avant la révolution, la France tirait de ses colonies de grandes quantités de sucre, qu'elle revendait au reste de l'Europe; elle en gardait pour 21 millions. (*Tableau* n.° 53.)

Dans les six années qui ont commencé en 1802, nous avons reçu de l'étranger, année moyenne, pour 52 millions de sucre.

Dans les quatre années qui ont commencé en 1809, l'introduction moyenne n'a été que de 10 à 11 millions. C'est depuis lors sur-tout que rien n'a été négligé pour naturaliser chez nous cette denrée dont nous venons enfin de nous assurer la conquête.

Indigo. L'indigo tient le premier rang parmi les substances tinctoriales. Jadis la France, qui en recevait de grandes quantités, en conservait pour une valeur annuelle de 9,500,000 francs. Dans les six années qui ont commencé en 1802, cette valeur moyenne a été annuellement de 18 millions : dans

50,000,000.

Report........	50,000,000.

les cinq années qui ont commencé en 1808, elle est descendue à 6 ou 7 millions; et nos teinturiers auraient souffert, sans les excédans des années antérieures. C'est alors que d'anciens essais faits pour extraire du pastel la fécule de l'indigo, ont été renouvelés. Nos plus savans chimistes théoriques ou pratiques, MM. Bertholet, Vauquelin, Chaptal, Roard, se sont occupés de recherches ingénieuses; et l'on est parvenu à extraire du pastel la propre fécule de l'indigo. Les premiers essais laissaient à desirer plus de concentration dans les parties colorantes, une proportion plus avantageuse entre la quantité de fécule extraite et le poids des feuilles : en perfectionnant les procédés, l'on est parvenu à obtenir ces résultats.

Dès à présent plusieurs manufactures sont en activité. Je citerai particulièrement celles qui sont annexées aux écoles expérimentales confiées aux soins de MM. Puymaurin et

50,000,000.

Report.....	50,000,000.

Giobert ; elles donnent un indigo en tout semblable au plus bel indigo de l'Inde : il revient à 10 francs la livre ; c'est le prix qu'avait l'indigo en 1790.

Nos teinturiers consomment 12 millions de livres d'indigo ; c'est une valeur de 12 millions de francs, ci .... 12,000,000.

Cochenille. L'écarlate n'était donnée que par la cochenille ; le rouge de la garance moins beau était d'ailleurs beaucoup moins solide : les frères Gonin, de Lyon, très-habiles teinturiers, cherchaient depuis long-temps les moyens de produire, avec la garance, les mêmes effets qu'avec les cochenilles; ils ont complétement réussi. Leurs procédés ont été employés sous les yeux des nos plus habiles chimistes et de nos principaux manufacturiers : les écarlates qui en ont été le résultat, ont été soumises à toutes les épreuves convenables ; et la beauté, la solidité parfaites de la couleur, ont été unanimement reconnues. Les procédés des frères Gonin vont être rendus publics.

La France employait autrefois pour

62,000,000.

Report...... 62,000,000.

un million de cochenille (*Tableau* n.° 55). Dans les sept années qui ont commencé en 1802, l'importation moyenne a été de 1,500,000 francs : dans les quatre années qui ont commencé en 1809, elle n'a plus été que de 200,000 francs, la cherté ayant fait consommer tous les approvisionnemens des années antérieures.

Depuis quelques années on cultive le coton dans le département de Rome : les récoltes ne se sont pas encore élevées assez haut pour être comptées comme ressources dans la masse de nos besoins ; mais ce ne sont plus de simples essais : elles ont produit jusqu'à cent milliers de livres pesant, et la naturalisation de cette plante est assurée.................... *Mémoire.*

Coton.

A Naples, cette culture est devenue une des parties essentielles de l'industrie agricole. La France reçoit annuellement 3 millions de livres pesant de coton de ce royaume.

L'Espagne produit abondamment

62,000,000.

(40)

...Report......	62,000,000.

des cotons aussi beaux qu'aucun de ceux de l'Amérique ou de l'Inde.

La Turquie fournit les cotons les plus communs, mais aussi les moins chers.

Soude. La soude est un produit essentiel à nos manufactures, que le commerce maritime pouvait seul nous donner il y a vingt-cinq ans : nous en tirions de l'étranger pour 3,500,000 fr. chaque année. (*Tableau* n.° 56.)

L'année moyenne de l'introduction dans les neuf années qui ont commencé en 1802, a été de 5,500,000 fr. La chimie est parvenue à créer cette substance avec des matières premières de notre sol, tellement abondantes et dont les prix sont si peu élevés, que la soude a baissé de deux tiers dans le commerce, malgré la prohibition absolue des soudes étrangères. On peut évaluer ce produit à 3 millions, ci........................ 3,000,000.

TOTAL...... 65,000,000.

L'ensemble des nouvelles productions de notre sol et de notre industrie s'élève donc à 65 millions, susceptibles d'augmenter dans une progression très-rapide; et nous nous sommes affranchis du paiement annuel de 90 millions que nous donnions à l'étranger, principalement à l'Angleterre.

Les autres parties de notre agriculture et de notre industrie n'en recevront aucune diminution.

Les 70,000 arpens qui donneront la betterave, fussent restés en jachère.

Les 30,000 arpens cultivés en pastel sont une bien faible portion de notre territoire, et recevront d'ailleurs des engrais qui rendront plus productives les récoltes qui succéderont à cet assolement.

La garance existe chez nous au-delà de tous nos besoins; nous en exportons pour 1,600,000 fr. (*Tableau* n.° 57): elle ne fera que recevoir un emploi plus utile.

Nos marais salans fournissent indéfiniment la matière première de la soude (*Tableau* n.° 57); et c'est un avantage de plus de devoir à cette découverte, des moyens d'exploiter davantage la précieuse mine de nos sels.

L'Angleterre nous conseillait, il y a vingt ans, l'affranchissement des noirs, dans l'espoir sans doute de contribuer à nos maux en hâtant la ruine de nos colonies. Nous avons consommé cet affranchissement en déplaçant par de paisibles et industrieuses recherches la production des denrées qui avaient reçu le nom de *coloniales*, en enrichissant nos cultivateurs, nos manufacturiers, des biens qui condamnaient les noirs à l'esclavage.

Sans doute la nouvelle industrie qui rend européennes les denrées de l'Amérique, n'appartiendra point exclusivement à la France; bientôt elle se naturalisera chez nos voisins. Loin de le craindre, nous devons le desirer. La France, grande, puissante et juste, ne veut déshériter aucun État de ce que la nature lui a donné; et toute l'Europe se passera d'autant plus sûrement des productions coloniales, que chacune de ses parties pourra plus facilement y suppléer.

Récapitulation des deux premiers chapitres.

Nous avons trouvé que les produits bruts de notre agriculture et de notre sol étaient de.................. 5,031,000,000.
Que la main-d'œuvre et la première fabrication accroissent d'abord ces produits bruts de...................... 1,300,000,000.
Que les produits de notre nouvelle industrie sont de................ 65,000,000.

En tout...... 6,396,000,000.

Mais ces matières premières n'ont pas été toutes manufacturées encore; celles qui l'ont été, ne sont pas elles-mêmes au point où elles doivent arriver pour être livrées à nos usages, à nos consommations journalières: le blé n'est pas devenu du pain, les étoffes ne sont pas devenues des vêtemens, et la dernière main-d'œuvre

6,396,000,000.

Report	6,396,000,000.

qui doit compléter la valeur définitive de toutes les valeurs déjà créées, est au moins du dixième de ces valeurs, ou de. . . . . 639,600,000.

Ainsi la valeur totale des matières que, chaque année, leur reproduction réelle donne à nos consommations, est au moins de . . . . 7,035,600,000.

CHAPITRE III.

DU COMMERCE.

Le commerce d'un Empire qui compte pour plus de 7 milliards de produits annuels, sans entrer en considération de tant d'autres valeurs réelles ou fictives que les calculateurs en économie politique font entrer dans leurs appréciations, est nécessairement immense.

Si nous avions cherché des valeurs purement commerciales, je ne crains pas de le dire, nos calculs se seraient élevés à 10 milliards. (*Tableau* n.° 58.)

Le but du commerce est de mettre, de tenir toujours à la portée du consommateur les objets de ses besoins ou de ses goûts.

Le commerce doit donc porter sa principale activité dans les pays où se trouvent le plus grand nombre de manufactures et le plus grand nombre de consommateurs.

Lorsqu'un Empire a un beau sol, une grande étendue, une grande population, c'est dans son sein nécessaitement qu'existent les élémens de son plus important commerce.

En 1789, l'une des années où le commerce extérieur de la France a été le plus considérable, il ne s'est élevé qu'à 357 millions en exportations, et à 400 millions en importations (*Tableaux* n.ºs 50 et 60) : car il ne faut pas compter comme importations les 236 millions que nous recevions de nos colonies (*Tableau* n.° 61), qui faisaient alors partie intégrante de la France.

On doit retrancher des importations le numéraire, qui est le paiement fait par l'étranger de quelques-unes de nos exportations.

En retranchant 55 millions d'espèces d'or et d'argent, les importations en France n'étaient donc réellement, en 1789, que de 345 millions. Les exportations étaient de 357 millions : c'est un commerce d'environ 360 millions, soit que l'on considère l'actif, soit que l'on considère le passif (*Tableau* n.° 61). Il n'était pas la quinzième partie de notre commerce intérieur.

Commerce extérieur.

Comparons notre commerce extérieur, à cette époque, avec ce qu'il est aujourd'hui.

Je considérerai nos colonies comme faisant partie de la France, et notre commerce avec elles comme intérieur.

En 1788.

En 1788 (*Tableau* n.° 61), les exportations se sont élevées à............ 365,000,000.

Les importations à 345 millions, dont 55 millions en numéraire, ce qui les réduit à 290 millions, ci.. 290,000,000.

Les exportations ont donc excédé les importations de.................. 75,000,000.

En 1789.

Nous venons de voir qu'en 1789 les importations ayant été plus considérables qu'en 1788, l'excédant des exportations n'avait été que de 12 millions, ci................ 12,000,000.

En 1810.

En 1810, les exportations se sont élevées à 376 millions, ci.......... 376,000,000.

Les importations ont été de 384 millions, dont il faut retrancher 48 millions d'espèces d'or et d'argent : les importations réduites à 336 millions, ci...... 336,000,000. laissent au bénéfice des exportations................. 40,000,000.

En 1811.

En 1811, nos exportations se sont élevées à 328 millions, ci.......... 328,000,000.

Nos importations, non compris 146 millions de numéraire, à 298 millions, ci................ 298,000,000.

Les exportations ont excédé les importations de........... 30,000,000.

En 1812.   En 1812, la somme des exportations s'est élevée à .... 383,000,000.

Celle des importations à .... 257,000,000.
non compris 93 millions de numéraire.

L'excédant des exportations a été de .... 126,000,000.

En 1812, l'exportation des produits de notre sol a donc excédé les plus fortes sommes auxquelles elle se soit élevée à d'autres époques.

Les importations, au contraire, ont toujours été en diminuant : elles sont moindres aujourd'hui qu'avant 1790.

La balance du commerce, qui, en 1788, à l'époque ancienne la plus favorable, n'était que de 75 millions à l'avantage de nos exportations, est aujourd'hui de 126 millions.

L'année moyenne des importations en numéraire, dans les trois années qui ont précédé la révolution, déduction faite des exportations, est de 65 millions : l'année moyenne est aujourd'hui de 110 millions. (*Tableaux* n.ᵒˢ 59, 60, 61.)

Dans la somme ancienne de nos exportations entrait une valeur de 168 millions, provenant de la partie des productions de nos colonies, que nous reversions à l'étranger : il semble donc qu'elle ait dû être remplacée aujourd'hui par une égale valeur de productions de notre sol continental et de notre industrie; mais en considérant nos colonies comme partie intégrante du royaume en 1789, nous n'avons pas compté dans les exportations les 93 millions que nous leur donnions à cette époque en productions de notre sol européen : ce n'est donc réellement que les 75 millions qui forment la différence de ces deux sommes qu'il a fallu donner de plus aux autres États pour compenser seulement ce que nous leur fournissions jadis en denrées coloniales.

Dans la somme des importations de l'époque actuelle, je trouve toute la valeur des denrées coloniales, qu'aujourd'hui nous tirons de l'étranger et qu'autrefois nous fournissaient nos colonies ; il semblerait donc encore que les importations eussent dû, au lieu de diminuer, augmenter au moins de la valeur de ces denrées : nous en introduisions pour................. 232,000,000.
nous en donnions à l'étranger pour... 168,000,000.
il nous en restait pour............ 64,000,000.
(*Tableaux* n.ᵒˢ 59, 60, 61.)

Si nous recherchons quelle était notre ancienne situation avec les pays réunis depuis à la France (*Tableau* n.° 62), nous trouvons que ces États recevaient de nous pour........................ 146,000,000;
que nous ne recevions d'eux que pour 70,000,000.
Ils figuraient donc dans nos anciennes
balances à l'avantage des exportations,
pour......................... 76,000,000.
Et leur réunion, en faisant de nos relations avec eux une partie de notre commerce intérieur, semblerait, en ne

considérant que leurs relations avec la France, devoir réduire considérablement et nos exportations actuelles et la balance en faveur de ces exportations qui s'est au contraire améliorée chaque année.

Si des calculs positifs n'avaient pas prouvé combien se sont accrues les productions de notre sol et de notre industrie, nous trouverions cette preuve dans le rapprochement des résultats de notre commerce extérieur à différentes époques.

Nous introduisons beaucoup moins de matières premières; nous exportons beaucoup plus d'objets manufacturés.

En cherchant à reconnaître les causes de l'accroissement de nos manufactures et de notre commerce continental, on voit une administration surveillante et éclairée s'occuper sans cesse de la situation de nos divers genres d'industrie, varier les tarifs des droits d'entrée et de sortie, écarter par des prohibitions, par un système de douanes qui garde en effet nos frontières, la concurrence qui pourrait arrêter l'essor de nos manufactures : elles conservent ainsi la prime importante que leur donne la consommation d'un Empire peuplé de 42 millions d'habitans ; elles fournissent avec avantage nos marchés et ceux de l'étranger.

Des lois simples et uniformes préviennent toutes les discussions, rendent les transactions sûres et faciles : le commerce trouve par-tout la même liberté, la même protection ; des routes commodes, de nombreux canaux assurent et abrégent les transports ; de l'Espagne en
Hollande

Hollande et à Hambourg, de Rome à Brest, les plus grosses voitures circulent librement ; Amsterdam et Marseille communiquent ensemble par les canaux de Saint-Quentin et du Centre ; la navigation des fleuves et des rivières est perfectionnée ; elle est entretenue par des travaux journaliers.

L'Angleterre a, par ses arrêts du conseil, dénationalisé tous les pavillons. Plus de neutres ; dès-lors plus de communications maritimes régulières. Cette époque devait être critique ; l'Angleterre y avait compté : mais la vigilance, l'habileté, l'énergie de notre Gouvernement ont su en faire une époque d'amélioration ; et c'est depuis 1806 que notre industrie a fait les plus grands progrès.

Si l'Amérique, ou toute autre puissance, faisait reconnaître l'indépendance de son pavillon, et le principe consacré par le traité d'Utrecht, « que le pavillon couvre la marchandise, » nos ports seraient ouverts à de tels neutres, et notre commerce prendrait de nouveaux accroissemens.

Mais il atteindra au plus haut degré de prospérité, lorsque, sous un Gouvernement tel que le nôtre, avec toutes les richesses de notre sol, toute l'activité de nos manufactures, nous jouirons nous-mêmes de cette paix qu'appellent les vœux du monde, de cette paix honorable et sûre qui rendra à l'industrie humaine tout son développement.

C'est à la situation territoriale dont je viens de faire l'exposé, que nous devons l'état de nos finances, la jouissance du meilleur système monétaire de l'Europe,

D

l'absence de tout papier-monnaie, une dette réduite à ce qu'elle doit être pour le besoin des capitalistes : c'est une telle situation, Messieurs, qui nous permet de faire face à-la-fois à une guerre maritime et à deux guerres continentales, d'avoir constamment neuf cent mille hommes sous les armes, d'entretenir cent mille hommes de matelots ou d'équipages maritimes, d'avoir cent vaisseaux de ligne, autant de frégates à l'entretien, ou en construction, et de dépenser tous les ans 120 à 150 millions en travaux publics.

CHAPITRE IV.

Travaux publics.

Depuis l'avénement de sa Majesté au trône impérial, on a dépensé,

Pour les palais impériaux et bâtimens de la couronne..............	62,000,000.
Pour les fortifications..........	144,000,000.
Pour les ports maritimes.......	117,000,000.
Pour les routes................	277,000,000.
Pour les ponts................	31,000,000.
Pour les canaux, la navigation et les desséchemens................	123,000,000.
Pour les travaux de Paris......	102,000,000.
Pour les édifices publics des départemens et des principales villes (*Tableau* n.º 63.)................	149,000,000.
Total........	1,005,000,000.

Palais impériaux, et Travaux de la couronne.
(Tableau n.° 70.)

Les palais impériaux ont été rétablis ; ils ont reçu de nouveaux accroissemens.

Le Louvre s'achève ; il coûtera 50 millions, y compris la valeur des maisons à abattre : 21,400,000 fr. sont dépensés. *Le Louvre.*

Les Tuileries ont été dégagées de tous les bâtimens qui en obstruaient les abords ; le plan régulier de ce palais et de ses jardins est entièrement exécuté : 6,700,000 fr. y ont été employés. *Les Tuileries.*

Le palais du Roi de Rome est fondé en face du pont d'Iena. L'époque de sa construction en fera un monument historique. Les projets sont de 30 millions : la préparation du sol a employé une somme de 2,500,000 francs. *Le palais du Roi de Rome.*

On répare Versailles : 5,200,000 francs y ont été dépensés. *Versailles.*

La machine de Marly, qui lui donne des eaux, se remplace par une pompe à feu ; la dépense sera de 3 millions : on a fait pour 2,450,000 fr. de travaux.

Fontainebleau et Compiègne sont restaurés ; leurs intérieurs ont été entièrement renouvelés, leurs jardins replantés : 10,600,000 fr. y ont été dépensés. *Fontainebleau et Compiègne.*

Les palais de Saint-Cloud, de Trianon, de Rambouillet, de Stupinis, de Laken, de Strasbourg, de Rome, ont employé 10,800,000 francs. *Divers palais.*

Les diamans de la couronne, engagés à l'époque de *Diamans et mobilier.*

nos troubles, ont été retirés; des acquisitions pour les compléter ont été faites.

Le mobilier de la couronne, qui doit, conformément aux statuts, être de 30 millions, a été également complété.

Trente millions ont été employés en tableaux, en statues, en objets d'art et d'antiquités, qui ont été ajoutés à l'immense collection du Musée Napoléon.

Toutes ces dépenses ont été acquittées sur les fonds de la couronne et du domaine extraordinaire.

Travaux militaires. (Tableau n.° 68.)

Le soin d'assurer nos frontières n'a pas été un instant perdu de vue.

Le Helder. De grands travaux ont consolidé le système de défense du Helder, qui est la clef de la Hollande; ils ont employé 4,800,000 francs. Cette place peut désormais être considérée comme inattaquable. Les forts Lasalle, de l'Ecluse, Duquesne et Morland, qui défendent l'entrée du Zuyderzée et le port du Texel, peuvent résister pendant soixante jours de tranchée ouverte: cette année, ils acquerront les quatre-vingt-dix jours de défense qu'ils doivent avoir. Si ces travaux eussent été faits il y a quinze ans, la Hollande n'eût pas perdu deux flottes.

Anvers. Pendant qu'on achevait de creuser le bassin d'Anvers, cette place recevait une augmentation de force proportionnée à l'importance du dépôt qui devait lui être confié; les travaux faits s'élèvent à 8,400,000 fr. C'est aujourd'hui une de nos plus fortes places; elle est mise, par les gens de l'art, sur le même rang que Strasbourg et Metz.

Flessingue a été l'objet des soins de nos officiers du génie depuis 1809; nous y avons dépensé 11,300,000 francs. Les forts Montebello, Saint-Hilaire, Lacoste, les Quatre-Couronnes, font estimer aux gens de l'art que cette place peut soutenir cent jours de tranchée ouverte. Plus de six mille hommes y ont des casemates à l'abri de la bombe. Il n'y avait rien en 1809. *Flessingue.*

Ostende a reçu de grandes améliorations : on a construit deux forts en pierre sur les dunes ; on y a dépensé 4 millions. *Ostende.*

Le port de Cherbourg est maintenant renfermé dans une vaste enceinte, qu'une dépense de 3,700,000 fr. a mise en état de soutenir un siége. Quatre forts sur les hauteurs ont été terminés au commencement de cette année. Dans son état actuel, cette place peut soutenir trente jours de tranchée ; et dans un an, elle en pourra soutenir quatre-vingt-dix. *Cherbourg.*

Brest, Belle-Ile, Quiberon, la Rochelle, ont été améliorés ; de nouveaux forts s'élèvent à l'île d'Aix, à l'île d'Oleron, à l'embouchure de la Gironde, à Toulon, aux îles d'Hières, à la Spezzia, à Porto-Ferrajo. *Diverses places maritimes.*

Sur toutes nos côtes, les batteries les plus importantes ont été fermées à la gorge par des tours voûtées à l'épreuve de la bombe, et armées de canons.

Chaque année voit augmenter la force de Corfou ; des camps retranchés couvrent la place. *Corfou.*

Du côté de terre, notre ligne de défense du Rhin a *Frontières de terre.*

reçu par-tout un nouvel accroissement. Kehl est achevé. On a fait pour 5,700,000 francs d'ouvrages à Cassel et à Maïence ; pour 3,800,000 francs à Juliers ; à Wesel, pour 4,700,000 francs.

Alexandrie. Enfin, les travaux d'Alexandrie, où l'on a dépensé 25 millions, ont continué à recevoir les mêmes améliorations.

Les places d'une moindre importance ont reçu les fonds que réclamaient leurs besoins ; leur dépense a été de 71 millions.

Travaux de la Marine et des Ports. (Tableau n.° 67.)

Cherbourg. Les vastes projets que sa Majesté a adoptés pour l'établissement de Cherbourg, s'élèvent à 73 millions. Un port creusé dans le roc, à vingt-huit pieds de profondeur au-dessous des basses mers, recevra dans quelques mois nos vaisseaux de haut-bord : 26 millions ont été dépensés. La digue qui rendra la rade aussi sûre contre les attaques de l'ennemi que contre l'action des tempêtes, et tous les édifices nécessaires à l'établissement d'un grand port, seront achevés avant dix ans.

Anvers. Anvers n'avait aucun établissement maritime ; cette ville renferme aujourd'hui un arsenal où vingt vaisseaux de ligne se construisent à-la-fois, et un bassin à flot où mouille toute notre flotte : quarante-deux vaisseaux de ligne y trouveraient, dès à présent, un asile commode et sûr. Ces travaux ont coûté 18 millions.

Flessingue. Flessingue est rétabli : avec une dépense de 5,600,000 f. on a reconstruit les quais et les magasins ; le radier de l'écluse, baissé de quatre pieds, a donné au bassin l'avantage qu'il n'eut jamais de recevoir des vaisseaux du premier rang. Six vaisseaux peuvent entrer ou sortir dans une marée.

La nature a indiqué le Niew-Diepp pour être l'arsenal, Niew-Diepp. le chantier et le port de la Hollande ; mais, bordé de mauvaises digues, privé de quais, il ne présentait aux vaisseaux qu'une station mal assurée. On y a fait des travaux pour 1,500,000 francs. Vingt-cinq vaisseaux de ligne pourraient aujourd'hui s'amarrer à quai et y rester en sûreté. Dans trois ans, les travaux du Niew-Diepp seront terminés.

Le port du Havre était rarement accessible à des Le Havre. frégates ; un banc de galets se renouvelait sans cesse à l'entrée du chenal : une écluse de chasse a été construite ; elle maintient la liberté de la passe : les quais et les bassins se continuent ; le montant des travaux faits est de 6,300,000 francs. Dans deux ans, les constructions seront achevées.

Une partie considérable du territoire que couvre la Dunkerque. ville de Dunkerque n'était qu'un marais ; son port était encombré. Cinq millions ont été destinés à construire une écluse à l'extrémité du chenal, et à assurer l'écoulement des eaux du marais : 4,500,000 francs ont été dépensés ; 500,000 achèveront les travaux avant la fin de l'année.

L'envasement du chenal d'Ostende avait fait de grands Ostende. progrès ; toutes les parties du port avaient souffert d'une longue négligence ; la belle écluse de Slikens avait besoin d'être rétablie : 3,600,000 fr. ont été employés à ces travaux. La construction d'une écluse de chasse assure la libre navigation du chenal.

Marseille. Le port de Marseille, déjà très-étroit, devenait insuffisant par l'accumulation des vases : 1,500,000 fr. y ont été dépensés. L'état de ce port est aujourd'hui satisfaisant : en peu d'années, on terminera l'exécution totale du projet de son agrandissement, par la construction d'un bassin de carénage, et par la restauration des quais.

Divers ports. Outre les grands projets que je viens de rappeler, 50 millions ont été distribués aux autres établissemens maritimes à Brest, à Rochefort, à Toulon, à Gênes, à la Spezzia, à Dieppe, à Calais, à Saint-Valery, à Baïonne, et à ce grand nombre de ports moins considérables qui couvrent toutes nos côtes.

Routes.

Les routes les plus importantes sont celles qui, ouvrant les passages des Alpes et des Apennins, réunissent la France à toutes les parties de l'Italie, celles qui nous rapprochent de l'Espagne, de la Hollande, des villes anséatiques, du centre de l'Allemagne.

Routes des Alpes. Dans les Alpes, la route de Paris à Milan par le Simplon, celle de Paris à Turin par la Maurienne et le Mont-Cénis, celle de l'Espagne en Italie par le Mont-Genèvre, sont entièrement ouvertes : les plus grosses voitures de roulage circulent sans interruption et avec la plus grande facilité, sans enrayer, dans les vallées profondes, sur les cols élevés de ces montagnes, où jusqu'à présent des sentiers impraticables une partie de l'année offraient à peine un chemin dangereux aux piétons et aux bêtes de somme. Ces routes ont coûté 22,400,000 francs ; les projets généraux étaient de 30,600,000 francs : la construction des hospices et quelques perfectionnemens emploieront les 8,200,000 francs qui restent à dépenser. (*Tableau* n.° 64.)

La route de Lyon à Gênes par le Lantaret a dépensé 1,800,000 francs sur 3,500,000 francs qu'elle doit coûter.

Celle de Césanne à Fenestrelles par le col de Sestrières deviendra le complément de la précédente ; elle sera terminée en 1813 : elle aura coûté 1,800,000 fr. dont 800,000 francs sont déjà dépensés.

La route de Nice à Gênes coûtera 15,500,000 fr. : l'emploi de 6,500,000 francs a déjà établi la communication de Nice à Vintimille et de Savone à Gênes ; les 9 millions restant à dépenser termineront cette route, qui conduira de Marseille à Rome sans quitter un climat doux et tempéré.

Dans les Apennins, la route de Savone à Alexandrie est ouverte. Le projet général est de 4 millions : on a dépensé 2,600,000 francs. *Routes des Apennins.*

La route de Port-Maurice à Céva, celle de Gênes à Alexandrie par le col de Giovi, celle de Gênes à Plaisance, celle de la Spezzia à Parme, communiquant toutes des bords de la mer dans l'intérieur de nos départemens italiens, se construisent. Les projets réunis s'élèvent à 13,600,000 francs : il y a pour 3 millions de travaux faits. On ira de la Spezzia à Parme à la fin de cette année.

<small>Route de Paris en Espagne.</small>

Aucune route ne conduisait de Bordeaux à Baïonne; les sables des Landes ne se franchissaient qu'avec des peines et des retards incalculables: 8 millions ont été destinés à y construire une route pavée: 4,200,000 fr. de travaux ont été faits; la route sera achevée en 1814: elle le serait actuellement, si l'on avait découvert plutôt les carrières de grès qui en assurent la bonne et solide construction.

<small>De Paris à Amsterdam.</small>

D'Anvers à Amsterdam, des sables et des marais coupés de digues et de fossés rendaient les communications lentes et difficiles, lorsqu'elles n'étaient pas entièrement interceptées: déjà les deux tiers de la route qu'il a fallu ouvrir, sont pavés; elle sera terminée en 1813. Sur 6,300,000 francs qu'elle doit coûter, on a dépensé 4,300,000 francs.

<small>De Paris à Hambourg.</small>

La route de Wesel à Hambourg n'existait pas il y a trois ans; elle est ouverte par-tout, et terminée sur plusieurs points; elle coûtera 9,800,000 francs: déjà l'on a fait pour 6 millions de travaux. De Maëstricht à Wesel aucun chemin constant n'était tracé dans les sables: une route qui a coûté 2,100,000 francs est construite.

<small>De Paris en Allemagne.</small>

La route de Paris en Allemagne était à peine ébauchée entre Metz et Maïence; 5 millions en ont fait une des belles routes de l'Empire.

<small>Routes diverses.</small>

Outre ces dépenses, 219 millions ont été employés depuis neuf ans à ce grand nombre de routes qui traversent l'Empire dans tous les sens, et dont chaque année voit améliorer la situation.

Ponts. (Tableau n.° 65.)

Douze millions ont été employés à la construction des ponts entièrement achevés de Verceil et de Tortone sur la Sesia et sur la Scrivia, de Tours sur la Loire, de Lyon sur la Saone près de l'Archevêché, et à celle de tous les ponts de la route de Lyon à Marseille, jadis si incertaine par les rivières et les torrens qui la traversent. *Ponts achevés.*

Deux grands ponts se construisent dans nos départemens au-delà des Alpes : celui de Turin sur le Pô ; on y a dépensé 1,850,000 fr., il doit en coûter 3,500,000 ; et le pont d'Ardissone sur la Doire ; il sera achevé cette année. Sur 1,100,000 fr., 820,000 fr. sont dépensés. *Ponts en construction.*

Une culée et plusieurs piles du pont de Bordeaux déjà construites, garantissent une réussite entière ; elles ont coûté un million. Ce pont, jadis réputé impossible, coûtera 6 millions.

Le pont de Rouen coûtera, avec les quais à rétablir, 5 millions : 800,000 fr. sont dépensés.

Le pont en pierre de Roanne sur la route de Paris à Lyon, a coûté déjà 1,500,000 fr. : on l'achèvera avec 900,000 fr.

Douze autres millions ont été employés à des ponts d'une moindre importance.

Canaux. (Tableau n.° 66.)

Les communications par eau rendent les transports beaucoup moins dispendieux ; elles permettent de mouvoir facilement de grandes masses : ces communications sont importantes, sur-tout pour l'approvisionnement des contrées et des villes où une grande population se trouve réunie, et pour le mouvement des matières premières dont le poids ou le volume rendent les transports par terre difficiles. Elles sont importantes par la vie qu'elles répandent sur les routes intérieures qu'elles parcourent, en liant entre eux les ports de nos différentes mers.

Canal de Saint-Quentin. Le canal de Saint-Quentin a réuni le Rhône à l'Escaut, Anvers et Marseille, et a fait de Paris le centre de cette grande communication : sa construction a coûté 11 millions. La navigation de ce canal souterrain sur trois lieues de son cours, est entièrement ouverte. Dans les huit premiers mois de l'année 1812, sept cent cinquante-six bateaux chargés de charbon, et deux cent trente-un chargés de blé, ont suivi cette route nouvelle qu'ont fréquentée de même les autres branches de commerce.

Canal de la Somme. Le canal de la Somme, qui joindra celui de Saint-Quentin au port de Saint-Valery, coûtera 5 millions : on y a fait pour 1,200,000 fr. de travaux.

Canal de la Haisne. Le canal de Mons à Condé, le débouché des riches houillères du Jemmape dans l'Escaut, coûtera 5 millions : 3 millions sont dépensés.

Navigation de la Seine. De nombreuses écluses ont été construites pour perfectionner la navigation de la Seine, de l'Aube, de la Marne. On continue cette amélioration, dont le projet s'élève à 15 millions : 6 millions ont été employés.

Parmi les écluses construites, celle du Pont-de-l'Arche est remarquable par ses grandes dimensions.

Le canal Napoléon sera terminé dans quatre ans ; il joindra le Rhône au Rhin ; il coûtera 17 millions : 10,500,000 fr. sont dépensés ; les fonds des 6,500,000 fr. restans sont créés et assurés. *Canal Napoléon.*

Le canal de Bourgogne, communication importante entre la Saone et la Loire, entre le canal Napoléon et Paris, coûtera 24 millions : 6,800,000 francs ont été employés jusqu'à la fin de 1812 ; les 17,200,000 francs de travaux à faire ont des fonds spéciaux, et seront achevés dans dix ans. *Canal de Bourgogne.*

Bientôt on communiquera de Saint-Malo à l'embouchure de la Vilaine sans doubler la Bretagne. Le canal de la Rance sera terminé dans deux ans : il coûtera 8 millions, dont 5 millions sont dépensés. *Canal de la Rance.*

Le Blavet a été canalisé ; la navigation de la nouvelle ville de Napoléon [Pontivy] est en activité ; 500,000 fr. qui restent à dépenser formeront, avec les 2,800,000 fr. de travaux faits, les 3,300,000 francs, estimation générale du projet. *Canal du Blavet.*

Les travaux du canal de Nantes à Brest viennent d'être entrepris ; ils coûteront 28 millions : 1,200,000 francs sont dépensés. *Canal de Nantes à Brest ;*

Le canal de Niort à la Rochelle, utile au desséchement d'une contrée assez étendue autant qu'à la navigation, coûtera 9 millions : 1,500,000 francs ont été employés. *De Niort à la Rochelle ;*

De semblables avantages sont attachés à l'exécution *D'Arles.*

du canal d'Arles. Avec le port de Bouc, auquel il aboutit, il coûtera 8,500,000 francs : 3,800,000 francs sont dépensés.

<small>Canal du Cher.</small> Un canal doit établir une navigation commode dans toute la vallée du Cher ; il rapprochera de la Loire, des houillères et des forêts d'une difficile exploitation : il coûtera 6 millions ; il y a pour 1,100,000 francs de dépenses faites.

Desséchemens.

Les principaux desséchemens entrepris administrativement, sont ceux de Rochefort et du Cotentin ; les projets sont de 11,500,000 francs. Les travaux faits ont coûté 5,600,000 francs. Rochefort sur-tout en a déjà recueilli de grands avantages.

Des travaux pour 5,800,000 francs ont rétabli les digues de l'Escaut et de Blankenberg : celles du Pô ont coûté un million. Ces digues protégent des contrées entières contre l'invasion de la mer ou des fleuves.

La presqu'île de Perrache, qu'on avait destinée à l'agrandissement de Lyon, était couverte par les eaux de la Saone. L'exécution d'un projet qui coûtera 4 millions, la mettra à l'abri de cet inconvénient : deux millions ont été employés à construire une levée de garantie, et à commencer l'exhaussement du sol.

Outre les 67 millions employés aux travaux que je viens de parcourir, 55 millions ont été répartis à de nombreuses entreprises.

Travaux de Paris. (Tableau, n.° 69.)

La capitale manquait d'eau circulant dans ses divers quartiers, de halles et de marchés, de moyens d'ordre et de police pour quelques-uns des principaux besoins de sa consommation.

Les rivières de Beuvronne, de Thérouenne et d'Ourcq seront conduites à Paris : déjà la première y arrive ; trois fontaines principales versent continuellement ses abondantes eaux ; soixante fontaines secondaires les distribuent. Canal d'Ourcq et Eaux de Paris.

La réunion des eaux conduites à Paris alimentera le canal de l'Ourcq, achevé sur presque tout son cours jusqu'au bassin de la Villette. De ce bassin, une branche déjà creusée réunira ce canal à la Seine, prise à Saint-Denis : une autre branche le réunira à la Seine, près le pont d'Austerlitz.

Ces deux dérivations abrégeront la navigation des trois lieues de sinuosités que forme la Seine, et de tout le temps qu'exige le passage des ponts de Paris.

Ces travaux coûteront 38 millions ; ils seront achevés dans cinq ans : les travaux faits sont de 19,500,000 fr. La ville de Paris fournit aux dépenses sur le produit de son octroi.

Cinq vastes bâtimens sont destinés à recevoir, à leur introduction dans Paris, tous les animaux destinés à sa consommation. Leur construction coûtera 13,500,000 fr. ; la moitié de cette somme est dépensée. Abattoirs.

Une halle assez grande pour abriter 200,000 pièces Halle aux vins.

de vin ou d'eau-de-vie, coûtera 12 millions : le commerce jouit d'une partie de cette halle. La dépense faite est de 4 millions.

Halle aux grains. La coupole du marché aux grains vient d'être reconstruite en fer; elle a coûté 800,000 fr.

Grande halle. Une halle aux comestibles occupera tout l'espace qui se trouve entre le marché des Innocens et la halle aux grains; elle exigera 12 millions : 2,600,000 francs ont payé les maisons que l'on démolit.

Marchés. Tous les autres quartiers de Paris auront leurs marchés particuliers. Les constructions faites s'élèvent à 4 millions ; 8,500,000 francs sont nécessaires à l'exécution du projet général.

Les 46,800,000 francs que coûtera à la ville de Paris l'exécution des halles, des abattoirs et des marchés, lui produiront un revenu de près de 3 millions, sans grever les denrées d'aucune nouvelle charge. Les prix de location que paiera le commerce des comestibles, seront inférieurs à ce qu'il lui en coûte dans l'état actuel des choses.

La construction des greniers de réserve, celle des moulins et des magasins de Saint-Maur, compléteront le système des édifices relatifs aux approvisionnemens de Paris.

Greniers de réserve et moulins. Les greniers de réserve sont un objet de 8 millions : on y a dépensé 2,300,000 francs.

Les moulins et les magasins de Saint-Maur coûteront une semblable somme de 8 millions: il y a pour un million de travaux faits.

Ponts. Les ponts d'Austerlitz, des Arts, d'Iéna, rapprochent les

les quartiers de Paris que séparait la Seine : ces constructions ont employé 8,700,000 francs. Le pont d'Iena exige encore pour 1,400,000 fr. de dépenses accessoires.

Onze millions ont été employés à la construction des quais : avec une dépense de 4 millions, ils seront achevés sans interruption sur les deux rives de la Seine. *Quais.*

Cinq nouveaux lycées s'établissent : on a dépensé 500,000 fr. en acquisitions. La dépense totale sera de 5 millions. *Lycées.*

L'église de Sainte-Géneviève, celle de Saint-Denis, le palais de l'archevêché et la métropole, sont restaurés. *Églises.*

Des 7,500,000 fr. affectés à ces édifices, 6,700,000 fr. sont dépensés : 800,000 fr. termineront cette année tous les travaux.

L'on construit des hôtels pour le ministère des relations extérieures et pour l'administration des postes : les fondations sont achevées ; elles ont coûté 2,800,000 francs : 9,200,000 francs forment le complément des projets. *Hôtels.*

Un palais où sera le dépôt des archives générales de l'Empire coûtera 20 millions. Des approvisionnemens pour un million ont été faits.

La façade du Corps législatif, la colonne de la place Vendôme, le temple de la Gloire, la Bourse, l'obélisque du Pont-Neuf, l'arc de triomphe de l'Étoile, la fontaine de la Bastille, les statues qui doivent décorer ces monumens, coûteront 35,500,000 fr. : 12,900,000 fr. ont ou avancé ou terminé leur construction. *Divers monumens.*

E

Une somme de 15 millions a été dépensée aux autres travaux de Paris.

Travaux divers des Départemens.

Dépôts de mendicité.

Dans les départemens, les dépôts de mendicité et les prisons ont particulièrement fixé l'attention du Gouvernement (*Tableaux* n.ᵒˢ 71 et 73). Cinquante dépôts ont été construits et sont en activité ; trente-un sont en construction : les projets de quarante-deux s'étudient. Sept départemens paraissent jusqu'à présent ne pas en avoir besoin : 12 millions ont été employés à ces travaux ; 17 millions sont encore nécessaires pour les achever.

Prisons.

Les prisons les plus importantes sont les maisons (*Tableaux* n.ᵒˢ 72 et 73) destinées à recevoir les condamnés à plus d'une année de détention.

Vingt-trois établissemens de ce genre suffiront à tout l'Empire ; ils contiendront 16,000 condamnés : onze de ces maisons sont en activité ; neuf sont près du terme de leur construction ; trois ne sont encore qu'en projet.

Lorsqu'elles seront terminées, les prisons ordinaires, les maisons de correction, d'arrêt et de justice, cesseront d'être encombrées ; elles pourront être plus facilement et plus convenablement distribuées.

Le nombre de ces dernières maisons est de sept cent quatre-vingt-dix ; deux cent quatre-vingt-douze ont été restaurées ou se trouvent en bon état : deux cent quatre-vingt-onze sont à réparer ; deux cent sept à reconstruire.

Les dépenses faites sont de 6 millions; celles restant à faire, de 24 millions.

Douze millions cinq cent mille francs ont été affectés à la construction de la nouvelle ville de Napoléon (*Tableau* n.° 73.) dans la Vendée, et à l'ouverture des routes qui y aboutissent : 7,500,000 francs ont été dépensés. Ville de Napoléon.

Un million huit cent mille francs de primes ont été accordés aux habitans de ce département et de celui des Deux-Sèvres, qui reconstruiraient les premiers leurs habitations : 1,500,000 francs ont été jusqu'à présent distribués. Primes de reconstruction.

Sur 3,600,000 francs que coûtera la restauration des établissemens thermaux, ils ont déjà reçu 1,500,000 fr. Etablissemens thermaux.

Il était essentiel de préserver de toute nouvelle dégradation les ruines de Rome ancienne. Ces travaux, ceux de la navigation du Tibre et de l'embellissement de la seconde ville de l'Empire, coûteront 6 millions : 2 millions ont été réalisés. Travaux de Rome.

Les 118 millions dépensés aux autres travaux des villes et des départemens, ont été employés à ce grand nombre d'édifices nécessaires à l'administration, au culte, à la justice, au commerce, qui, dans toutes nos cités, réclament les soins du Gouvernement.

Tel a été l'emploi du milliard consacré aux travaux publics de tout genre depuis l'avénement de sa Majesté, et des 80 millions qui ont complété le mobilier et augmenté les riches collections de la couronne.

Quatre cent quatre-vingt-cinq millions ont été plus

spécialement affectés à ces entreprises qui laissent de grands et durables résultats. (*Tableau* n.° 74.)

L'évaluation générale des projets de ce genre est de un milliard 61 millions (*Tableau* n.° 74); une somme de 576 millions sera encore nécessaire pour les terminer. L'expérience du passé nous apprend qu'un petit nombre d'années suffira.

Ces travaux, Messieurs, sont répandus sur toutes les parties de ce vaste Empire. Réunis de tous les départemens qui le composent, vous savez qu'aucune contrée n'est oubliée ; ils vivifient la nouvelle France comme l'ancienne. Rome, les départemens anséatiques, la Hollande, comme Paris et nos anciennes cités, tout est également présent et cher à la pensée de l'Empereur : sa sollicitude ne connaît aucun repos, tant qu'il reste du bien à faire.

CHAPITRE V.

ADMINISTRATION INTÉRIEURE.

Religion.
Les divers cultes ont reçu des marques d'intérêt et de protection. Des supplémens sur le trésor impérial ont été accordés aux curés au-delà des Alpes, qui n'avaient pas un revenu suffisant.

Le décret du 7 novembre 1811, en soumettant les communes au paiement des vicaires qui leur sont nécessaires, a assuré la jouissance de la totalité de leurs revenus et de leur traitement, à d'anciens curés que l'âge ou les infirmités mettent hors d'état de remplir seuls leurs fonctions.

Des palais épiscopaux, des séminaires ont été achetés.

Le concordat de Fontainebleau a mis un terme aux dissensions de l'Église. Le Gouvernement a été constamment satisfait de l'attachement que lui ont montré les évêques et le clergé.

Les anciens principes de l'Église de France, connus sous le nom de libertés de l'Église gallicane, concilient parfaitement les droits du trône et ceux des pontifes : ils doivent être constamment la base de l'enseignement dans toutes les écoles de l'Empire.

La conduite des ministres des autres religions a été exemplaire.

Tout est prêt pour l'organisation définitive des cultes réformés et luthériens dans le Nord ; leurs pasteurs ont reçu des traitemens provisoires.

Chaque année les cours et les tribunaux acquièrent de nouveaux droits à la considération publique, et reprennent le rang que les grands corps de magistrature doivent tenir dans tout État bien constitué. *Tribunaux.*

Le nombre des procès civils a diminué sensiblement ; leur jugement est plus prompt, les discussions sont moins embarrassées : c'est un des bienfaits de notre nouveau Code civil. Chacun désormais connaît ses droits, et sait mieux quand et comment il peut les exercer. *Procès civils.*

Le Gouvernement a reçu des plaintes sur les frais excessifs qu'occasionnent les honoraires des avocats et les salaires des officiers de justice. L'Empereur a donné au grand-juge l'ordre de s'occuper des moyens de diminuer ces frais.

Procès criminels.

Les procès criminels sont plus sensiblement réduits encore que les procès civils. En 1801, la population était de trente-quatre millions d'individus ; cette année présentait huit mille cinq cents affaires criminelles, dans lesquelles douze mille quatre cents prévenus étaient impliqués. En 1811, une population de quarante-deux millions n'a plus présenté que six mille affaires, dans lesquelles huit mille six cents prévenus étaient intéressés. (*Tableau* n.° 75.)

En 1801, huit mille prévenus ont été condamnés ; en 1811, cinq mille cinq cents : en 1801, il y a eu huit cent quatre-vingt-deux condamnations à mort ; en 1811, trois cent quatre-vingt-douze seulement. Cette diminution a été progressive chaque année ; et, s'il était besoin de prouver davantage l'influence de nos lois et de notre prospérité sur le maintien de l'ordre public, nous remarquerions que cette progression décroissante a lieu sur-tout dans les départemens réunis, et devient plus grande à mesure que leur incorporation à la France devient plus ancienne.

Administrations.

L'administration des départemens, celle des communes et des établissemens de bienfaisance, sont actives et surveillantes ; elles concourent avec zèle aux améliorations dont s'occupe le Gouvernement.

Les revenus des communes et des villes, en y comprenant Paris, s'élèvent à 128 millions, ci   128,000,000.

Les octrois produisent............	65,300,000.
Les centimes additionnels, perceptions diverses, à.................	42,700,000.
Les revenus fonciers, à..........	20,000,000.
TOTAL......	128,000,000.

Les communes ont, outre cela, des propriétés qu'elles ne comptent point dans les recettes municipales ; ce sont celles dont les habitans jouissent en commun, les pâturages communaux, les bois affouagés, &c.

Le capital du revenu foncier de 20 millions serait une ressource d'autant plus précieuse pour l'État, s'il avait intérêt d'en disposer, que les communes seraient facilement indemnisées, par une rente beaucoup moindre, d'une jouissance grevée pour elles de beaucoup de charges et d'embarras.

Les caisses municipales sont tenues avec le même soin que celles de tous les autres comptables.

Huit cent cinquante villes ont plus de 10,000 fr. de revenus ; la majeure partie de leurs budgets de 1813 est arrêtée.

En 1809, le nombre des élèves des lycées n'était que de neuf mille cinq cents, dont deux mille sept cents externes, et six mille huit cents pensionnaires. *Instruction publique.*

Aujourd'hui, le nombre des élèves est de dix-huit mille, dont dix mille externes et huit mille pensionnaires.

Cinq cent dix collèges donnent l'instruction à cinquante mille élèves, dont douze mille pensionnaires.

Dix-huit cent soixante-dix-sept pensions, ou institutions particulières, sont fréquentées par quarante-sept mille élèves.

Trente-un mille écoles primaires donnent l'instruction

du premier degré à neuf cent vingt mille jeunes garçons. Ainsi un million de jeunes Français reçoit le bienfait de l'instruction publique.

L'école normale de l'université forme des sujets distingués dans les sciences, dans les lettres, dans la manière de les enseigner. Ils portent chaque année dans les lycées les bonnes traditions, les méthodes perfectionnées.

Les trente-cinq académies de l'université ont neuf mille auditeurs; les deux tiers de ces élèves suivent les cours de droit et de médecine.

L'école polytechnique donne tous les ans aux écoles spéciales du génie, de l'artillerie, des ponts et chaussées et des mines, cent cinquante sujets déjà recommandables par leurs connaissances.

Les écoles de Saint-Cyr, de Saint-Germain, de la Flèche, fournissent tous les ans quinze cents jeunes gens pour la carrière militaire.

Le nombre des élèves des écoles vétérinaires est doublé. Les intérêts de l'agriculture ont dicté une meilleure organisation de ces écoles.

L'académie de la Crusca de Florence, dépositaire du plus pur idiome de la langue italienne,

L'institut d'Amsterdam,

L'académie de Saint-Luc de Rome,

Ont reçu de nouveaux réglemens et des dotations suffisantes.

Les travaux de l'institut de France se continuent; le

tiers de son dictionnaire est fait : il peut être achevé dans deux ans. Les recherches sur notre langue, sur notre histoire occupent un grand nombre de ses membres.

Les traductions de Strabon et de Ptolémée honorent les savans utiles qui en ont été chargés. Le XVI.ᵉ volume du Recueil des Ordonnances des Rois de France a été publié.

Marine.

La France a éprouvé, par les événemens de Toulon, la guerre civile du Midi, de la Vendée et de l'Ouest, par les affaires de Quiberon, des pertes très-grandes : les meilleurs officiers de sa marine, l'élite des contre-maîtres et des équipages, y ont péri.

Nos escadres, depuis cette époque, ont été montées par des équipages peu exercés. L'insuffisance de l'inscription maritime a été reconnue ; et toutes les années, les moyens qu'elle offrait ont été en décroissant, résultat inévitable de la constante supériorité de l'ennemi et de la destruction presque entière de notre commerce maritime.

Il n'y a plus eu moyen de se dissimuler qu'il fallait, ou désespérer de la restauration de notre marine en temps de guerre, ou avoir recours à des mesures nouvelles. En prenant le premier parti, on eût agi comme l'a fait l'administration sous Louis XIV et Louis XV, découragée par la défaite de la Hogue et par les suites de la guerre de 1758. A l'une et l'autre époque, on renonça à la marine, on cessa de construire ; on porta les ressources des finances sur l'armée de terre et sur les autres départemens : mais les résultats de cet abandon furent bien funestes à la gloire et à la prospérité de la France.

L'Angleterre nous donna la loi ; elle nous imposa des traités qu'il faudrait pouvoir déchirer de nos annales. Nous dûmes nous-mêmes démolir nos ports et recevoir des commissaires anglais pour en surveiller la démolition. Par une conséquence trop naturelle de la supériorité de ses forces, l'Angleterre nous dicta des traités de commerce destructifs de notre industrie ; et lorsqu'elle jugea devoir nous faire la guerre pour piller notre commerce ou s'emparer de nos établissemens dans les différentes parties du monde, elle nous trouva sans armées navales et sans aucun moyen de défendre notre pavillon. De là ce mépris que le peuple d'Angleterre témoignait en toute occasion pour nous.

L'administration sous Louis XIV et sous Louis XV fut-elle obligée d'embrasser le parti funeste de renoncer à la marine, par le dérangement de nos finances, ou par l'impossibilité réelle où se trouvait la France, dans ses anciennes limites, de construire et réorganiser de grandes flottes en temps de guerre !

Presque rien n'est possible à Brest ; ou du moins tout y est extrêmement difficile, lorsque ce port est bloqué par une escadre supérieure : mais il est probable que les raisons de finances, les besoins que faisaient naître les guerres continentales, et la difficulté de recréer la marine, concoururent, avec le peu d'énergie de l'administration, à faire prendre le parti désespéré de laisser dépérir notre marine.

Les échecs qu'ont éprouvés depuis nos escadres, fruits immédiats de nos dissensions civiles, nous ont placés dans la même situation où se trouvait l'administration sous Louis XIV et sous Louis XV : mais si la situation était semblable, les autres circonstances étaient différentes en tout point.

La possession de la Hollande, de l'Escaut, l'extension de notre puissance sur les côtes de l'Adriatique, sur les ports de Gênes et de la Spezzia, sur tout le cours du Rhin et de la Meuse, nous donnaient des moyens maritimes d'une bien autre importance que ceux que possédait l'ancienne monarchie : nous pouvons construire des flottes sans que la supériorité de l'ennemi puisse l'empêcher ou même les rendre plus coûteuses.

La bonne administration des finances de l'Empire nous met en état de faire face aux dépenses qu'entraîne l'établissement d'une grande marine, et de satisfaire aux frais des guerres continentales. Enfin, l'énergie de notre Gouvernement, sa volonté ferme et constante, étaient seules capables de lever de plus grands obstacles.

L'administration de la marine sentit pourtant la nécessité d'adopter un système fixe et calculé qui fît marcher de front la création ou le rétablissement des ports, la construction des vaisseaux et l'instruction des matelots.

Dans la Manche, la nature a tout fait pour l'Angleterre ; elle a tout fait contre nous. Dès le règne de Louis XVI, on avait senti l'importance d'avoir un port sur cette mer ; le projet de Cherbourg avait été adopté, et les fondemens des digues avaient été jetés : mais, dans nos troubles civils, tous ces ouvrages interrompus s'étaient détériorés ; tout avait été remis en problème jusqu'à la convenance du choix du local, et on demandait si on n'aurait pas mieux fait de préférer la Hogue à Cherbourg.

L'administration fixa ses regards sur ces importantes questions ; la décision en faveur de Cherbourg fut confirmée, et on travailla sans délai à rehausser la digue pour abriter la rade.

Mais cette rade avait les inconvéniens d'une rade foraine ; le carénage des vaisseaux y était impossible ou difficile. L'administration ne s'arrêta ni à la dépense, ni à la difficulté des localités ; et on entreprit un port creusé dans le roc, pouvant contenir cinquante vaisseaux de guerre, et des chantiers suffisans pour la construction d'une escadre.

Après dix ans de travaux, le succès a justifié toutes ces entreprises. Une escadre est sur le chantier de Cherbourg ; et les bassins pourront recevoir cette année l'escadre la plus nombreuse. C'était beaucoup que d'avoir satisfait au besoin, senti depuis le combat de la Hogue, d'avoir un port dans la Manche ; mais il n'était pas moins important d'avoir un port dans la mer du Nord, et de pouvoir profiter des rades nombreuses et sûres de l'Escaut.

Le bassin de Flessingue, celui d'Anvers, ont coûté bien des millions. Vingt vaisseaux peuvent être construits à-la-fois dans les chantiers d'Anvers, et plus de soixante trouver un abri dans les ports d'Anvers et de Flessingue.

La Hollande contenait une population qui s'est toujours distinguée dans la marine; mais les vaisseaux de construction hollandaise ne pouvaient être employés utilement dans la lutte actuelle. La célérité de la marche est un des élémens de la guerre maritime; et les vaisseaux hollandais paraissent plutôt construits pour porter des marchandises que pour évoluer et livrer des batailles.

Ce peuple industrieux avait fait des miracles pour vaincre les obstacles, en apparence insurmontables, de ses localités; mais il n'avait réussi qu'imparfaitement.

L'administration sentit qu'il n'y avait dans la Hollande qu'un seul port, un seul chantier, un seul remède à tous les inconvéniens des localités; et elle porta les forces maritimes de la Hollande au Niew-Diepp. Quoique ce projet n'ait été conçu que depuis deux ans, nous jouissons déjà de tous ses avantages; et, par ce moyen, un nouveau port se trouve être en notre pouvoir à l'extrémité de la mer du Nord.

Les ingénieurs de l'armée de terre ont poussé les travaux avec la plus grande et la plus louable activité. Le Helder, Flessingue, Anvers et Cherbourg sont dans une situation telle, que nos escadres y sont à l'abri de toute insulte, et peuvent donner à nos armées de terre le temps d'arriver à leur secours, fussent-elles au fond de l'Italie ou de la Pologne. Ce que l'art pouvait ajouter aux avantages naturels de Brest et de Toulon, avait été fait par l'ancienne administration.

Il n'en était pas de même de l'embouchure de la Charente : la rade de l'île d'Aix n'était pas propre à contenir un grand nombre de vaisseaux. L'administration a senti le besoin d'avoir un abri plus sûr dans la mer de Gascogne.

La rade de Saumonard a été reconnue et fortifiée : les rades de la Gironde l'ont été également, et une communication intérieure pour les plus grands vaisseaux a été perfectionnée ; de sorte que les rades de l'île d'Aix, de Saumonard, de Talemont, et les rades de la Gironde forment, pour ainsi dire, un même port.

Après Toulon, la Spezzia est le plus beau port de la Méditerranée. Des fortifications, du côté de terre et du côté de mer, devenaient nécessaires pour y mettre nos escadres en sûreté : ces fortifications offrent déjà une résistance convenable.

Ainsi, à peine six ans se sont écoulés depuis que le système permanent de guerre maritime a été arrêté, que les ports du Texel, de l'Escaut, de Cherbourg, de Brest, de Toulon et de la Spezzia, sont assurés, et offrent sous le point de vue maritime et militaire toutes les propriétés desirables.

En même temps qu'on construisait et qu'on fortifiait les ports, on pensa à établir des chantiers pour construire des vaisseaux. Nous étions, il y a six ans, réduits à moins de 25.

Brest pouvait tout au plus offrir les moyens de radoub. On dut renoncer à tout projet de construction, ou établir sur l'Escaut un chantier où vingt vaisseaux à trois ponts, de 80 et 74, pussent se construire à-la-fois. Ce chantier, approvisionné par le Rhin et la Meuse, et par tous les affluens du continent de la France et de l'Allemagne, est constamment pourvu, abondamment et à bon marché.

On reconnut la possibilité de construire, sur les chantiers d'Amsterdam et de Roterdam, des frégates et des vaisseaux de 74, de notre modèle, en attendant que les chantiers et les établissemens fussent formés sur Niew-Diepp.

Sur les chantiers de Cherbourg, on construit des vaisseaux à trois ponts, de 80 et 74.

On construit des vaisseaux à Gênes et à Venise, profitant ainsi de toutes les ressources de l'Albanie, de l'Istrie, du Frioul, des Alpes-Juliennes et des Apennins.

Les chantiers de Lorient, Rochefort et de Toulon, continuent à avoir l'activité dont ils sont susceptibles, et d'employer tous les matériaux que leur offrent les bassins des rivières destinées à les alimenter.

En peu d'années, nous serons arrivés à avoir cent cinquante vaisseaux, dont douze à trois ponts, et un plus grand nombre de frégates.

La marine française, dans sa plus grande prospérité, n'a jamais eu plus de cinq vaisseaux à trois ponts.

Nous pouvons facilement construire, et armer quinze à vingt vaisseaux de haut-bord par an.

L'administration a donc réussi sous le point de vue des

constructions : mais le plus difficile restait à faire. Les gens de l'art, après avoir médité sur les ressources et l'étendue de l'Empire, avaient compris qu'effectivement le Gouvernement ayant à sa disposition, par les fleuves qui alimentent nos ports, presque tous les bois de l'Europe, et d'immenses richesses en fer et en chanvre, il était possible d'avoir une marine aussi nombreuse qu'on le voudrait, et qu'on ne serait arrêté que par l'étendue des sacrifices pécuniaires qu'on voudrait faire pour l'accroissement de cette partie de nos forces.

Mais on se demandait, où trouver les matelots pour monter ces escadres ! Des camps, des exercices, forment en peu d'années une armée de terre ; mais où trouver de quoi remplacer des camps et des exercices pour les troupes de mer !

Les institutions de Colbert et les principes qu'il avait posés pour le recrutement des armées navales, étaient presque nuls ; notre commerce maritime était excessivement réduit. On avait admis, comme un axiome, cette maxime, *Point de commerce, point de marine militaire :* cependant c'était un cercle vicieux ; car on aurait pu dire tout aussi justement, *Point de marine militaire, point de commerce.*

L'administration conçut alors l'idée de recruter les armées navales de la même manière que l'armée de terre ; d'avoir recours à la conscription, sans abandonner les ressources que pouvait produire l'inscription maritime.

Les départemens littoraux furent, en partie, exemptés

de

de la conscription de l'armée de terre, et toute leur jeunesse appelée à la conscription maritime.

Les hommes de mer les plus expérimentés voulaient qu'on appelât cette conscription dès l'âge de dix à douze ans, prétendant qu'il était impossible de faire un homme de mer d'un homme formé.

Mais comment concevoir la possibilité d'entasser dans des vaisseaux soixante ou quatre-vingt mille enfans!

Les dépenses qu'il fallait faire pour leur instruction pendant dix ans, mais sur-tout la consommation d'hommes, devenaient effrayantes.

On prit un terme moyen : on appela à la conscription maritime les jeunes gens de seize et dix-sept ans. On pouvait espérer qu'après quatre ou cinq années de navigation, lorsqu'ils seraient parvenus à l'âge de vingt-un ou vingt-deux ans, on aurait des matelots habiles.

Mais comment faire naviguer un si grand nombre de jeunes gens, lorsque la mer nous était presque par-tout interdite!

On construisit des flottilles. Cinq ou six cents bâtimens, bricks, chaloupes canonnières, goëlettes, naviguèrent sur le Zuyderzée, l'Escaut, les rades de Boulogne, de Brest et de Toulon ; ils protégèrent et alimentèrent notre cabotage.

En même temps on arma nos escadres dans les ports de Toulon, de la Charente, de l'Escaut et du Zuyderzée. Les équipages, toujours consignés à bord, évoluant en présence de l'ennemi, ont rempli l'espérance qu'on en avait conçue. Les conscrits se sont formés. Les jeunes

F

gens de dix-huit ans, après cinq années de navigation, ont aujourd'hui atteint leur vingt-troisième ou vingt-quatrième année, et servent dans les hautes manœuvres avec une agilité et une adresse remarquables ; et nos escadres évoluent avec autant de promptitude et de précision qu'à aucune époque de l'histoire de notre marine.

Depuis cinq ans que ce système a été adopté, 80 mille jeunes gens, tirés de la conscription, sont venus ainsi augmenter notre population maritime.

Il a fallu bien de la constance pour se résoudre à tous les sacrifices qu'un pareil système nous a coûté.

Pendant les premières années, les avaries étaient désespérantes ; chaque sortie nous coûtait autant qu'un combat : mais progressivement les abordages ont cessé, les avaries ont diminué ; et aujourd'hui nos escadres n'en éprouvent pas plus qu'il n'est ordinaire d'en éprouver dans les évolutions maritimes.

Les officiers se forment le coup-d'œil dans les manœuvres nautiques : ils ne font presque point de sortie qu'ils ne voient l'ennemi. Nous devons reconnaître que nos équipages, passant ainsi des années sans quitter le bord, comme s'ils étaient en pleine mer, méritent un témoignage éclatant de satisfaction. C'est par des exercices qu'ils se forment sans doute ; mais les fatigues n'en sont pas moins pénibles.

Deux vaisseaux, *le Tourville* et *le Duquesne*, stationnés dans les rades de Brest et de Toulon, offrent une instruction à-la-fois pratique et théorique aux jeunes gens destinés à entrer comme officiers dans la marine.

(83)

Enfin, sur nos 100 vaisseaux, nous en avons aujourd'hui 65 armés, équipés, approvisionnés pour six mois, constamment en partance, appareillant tous les jours, et dans une situation telle, qu'aucun ne sait, au moment où on lève l'ancre, si c'est pour un exercice ou pour une expédition lointaine.

La conscription maritime produit tous les ans vingt mille jeunes gens. L'inscription produit aussi des ressources importantes.

Enfin, au moment où la paix continentale aurait rendu disponible la conscription de tout l'Empire, nous pourrions, à volonté, accroître la conscription maritime.

Les garnisons des vaisseaux étaient tirées de l'armée de terre.

Une partie du canonnage à bord se faisait par le corps impérial des canonniers de la marine.

L'administration de la marine a desiré que l'un ou l'autre de ces corps fût rendu à l'armée de terre, et que le service fût fait par des marins propres aux manœuvres hautes comme aux manœuvres basses, qui pussent également monter au haut des mâts, faire la manœuvre du canon et servir comme garnison de vaisseau. L'avantage de ce système était évident; c'était doubler nos gens de mer et nous mettre à même un jour, en envoyant des hommes de garnison sur nos escadres avec quelques canonniers, de doubler les équipages. Les circonstances actuelles où nous avons à soutenir deux guerres continentales, ont fait apprécier l'avantage

F 2

d'avoir dans l'armée quarante mille vieux soldats, propres au service de terre comme au service de mer.

C'est leur changement de destination qui a rendu nécessaire l'appel de la conscription maritime de 1814.

L'Angleterre peut avoir le nombre de vaisseaux et de troupes de terre qu'elle voudra ; elle peut donner à son commerce la direction qui lui convient : mais nous prétendons rester dans les mêmes droits. Si elle prétend nous imposer la condition secrète de détruire nos escadres, de les réduire à trente vaisseaux, ou de souscrire à des traités de commerce non conformes à nos intérêts, une telle paix ne sera jamais signée par l'Empereur, ni desirée par aucun Français.

Nous desirons la paix ; mais si nous ne pouvions l'avoir qu'à ces conditions, il faudrait bien continuer la guerre, et chaque année de guerre nous accroîtrions nos forces navales, sans que la supériorité de l'ennemi pût nous en empêcher.

Armée de terre. L'armée de terre se compose de la garde impériale, qui comprend 20 régimens d'infanterie et 44 escadrons ; de 152 régimens de ligne et de 37 d'infanterie légère, faisant 189 régimens d'infanterie ou 945 bataillons français ; de 15 régimens d'artillerie ; de 30 bataillons du train ; de 90 régimens de cavalerie, à huit compagnies chacun, indépendamment de quatre régimens suisses, de six régimens étrangers et de plusieurs bataillons coloniaux.

Je ne vous parlerai point, Messieurs, d'événemens militaires ni politiques ; je ne pourrais rien ajouter à ce qui est à votre connaissance, et à ce que l'Empereur vous a dit en peu de mots, mais avec tant de profondeur.

Il m'a paru que le simple exposé de notre situation intérieure, appuyé sur des états et sur des chiffres, l'exposé de notre situation maritime et militaire, étaient suffisans pour faire comprendre l'immensité de nos ressources, la solidité de notre système, et les grâces que nous avons à rendre à un Gouvernement vigilant dont les travaux sont constamment consacrés à tout ce qui est grand et utile à la gloire de l'Empire.

Le compte de l'administration des finances, qui vous sera incessamment communiqué, vous fera connaître leur situation prospère : ce que je pourrais en dire, serait insuffisant et incomplet.

La ferme résolution du Souverain de protéger également toutes les parties de son Empire, et de marcher constamment dans le même système d'économie et de grande administration, ne peut que redoubler, s'il est possible, la confiance et l'amour que lui portent tous ses sujets.

FIN.

www.ingramcontent.com/pod-product-compliance
Lightning Source LLC
LaVergne TN
LVHW050559090426
835512LV00008B/1244